SANGHARAKSHITA

SPIRITUELLE REISE
BILDER UND ARCHETYPEN

Spirituelle Reisen
Bilder und Archetypen

Sangharakshita

Bibliografische Informationen der Deutschen Nationalbibliothek:
Die Deutsche Nationalbibliothek verzeichnet diese Publikation
in der Deutschen Nationalbibliografie; detaillierte bibliografische
Daten sind im Internet über
www.dnb.de abrufbar.

Originaltitel:
The Journey to Il Convento
Saint Jerome Revisited
Veröffentlicht von Windhorse Publications, Glasgow, Großbritannien
© Sangharakshita 1984, 1985
Der Autor beansprucht das moralische Recht, als Autor dieser Arbeit
kenntlich gemacht zu werden.

Übersetzung: Rüdiger Dhammaloka Jansen, 2016
Lektorat: Marc Röffke und Andreas Eickelkamp
Korrekturlesen: Michael Schuierer, Dharmapriya
Satz & Umschlaggestaltung: Maitricarya
Umschlagfoto: pixabay/un-perfekt

Einzige deutsche autorisierte Übersetzung
© 2021 Buddhawege e.V.

Herstellung und Verlag: BoD – Books on Demand, Norderstedt
ISBN 9783753453002

INHALT

VORWORT

Mit diesen beiden Vorträgen verdeutlicht Sangharakshita zum einen, dass Sinnbilder und Symbole, auch persönlich erlebte, eine große Bedeutung für das spirituelle Leben haben können, weil sie etwas Archetypisches verkörpern. Er zieht dazu nicht nur buddhistische Sinnbilder heran, sondern auch christliche Darstellungen wie die des heiligen Hieronymus, die er analysiert, deutet und mit Bildern aus buddhistisch geprägten Kulturen vergleicht. Zum anderen zeigt er, dass das Vorstellungsvermögen oder die Vorstellungskraft ein wichtiges spirituelles Vermögen ist, die Fähigkeit der Einzelnen, in Bildern mehr zu sehen als das, was diese auf den ersten Blick zeigen.

Der Autor hat diese Vorträge im Herbst 1984 vor Mitgliedern der Triratna-Gemeinschaft (damals: FWBO) gehalten, die sich im ehemaligen christlichen Kloster Il Convento di Santa Croce in der Toskana drei Monate lang intensiv auf die Aufnahme in den Triratna-Orden (damals: WBO) vorbereiteten und die Ordination dann auch erhielten. Vor Personen also, die sich vorgenommen hatten, den Schwerpunkt ihres Lebens künftig in diese spirituelle buddhistische Gemeinschaft zu verlegen. Über diesen Hörerkreis hinaus dürften die Vorträge allerdings auch für all jene interessant sein, die die kreative Kraft von Sinnbildern entdecken möchten.

Sinnbilder, Symbole und Mythen verkörpern Archetypen wie den Archetyp „Reise", den Archetyp „Alchemist" oder den „Übersetzer". Dabei können verschiedene Bilder kulturspezifische Verkörperungen ein und desselben Archetyps sein. Die Reise nach Osten ins Heilige Land des Mittelalters und die Reise nach Il Convento in moderner Zeit sind zwar unterschiedliche Sinnbilder, doch sind beides spirituelle Reisen, Pilgerfahrten. Wer zur Ordination in die Toskana fährt, verlässt potenziell die Welt sinnlichen Begehrens, und wenn man die Welt der Sinnbilder durchquert hat, kann man an der Schwelle zum Transzendenten ankommen.

Als die Künstler der Renaissance ihre Vorstellung des heiligen Hieronymus – eines der Kirchenväter, der im 4. und 5. Jahrhundert unter anderem die Bibel ins Lateinische übersetzt hat – in Gemälden darstellten, haben sie gleich eine Reihe verkörperter Archetypen in Szene gesetzt. Wer seine Vorstellungskraft bereits zu einem gewissen Grad entfaltet hat, dem kann die Gestalt des heiligen Hieronymus neue Perspektiven aufzeigen. Er sieht Hieronymus als einen interpretierenden Übersetzer, der einen Grad von Wissen in einen anderen überführt. Der Übersetzer überträgt das, was auf einer Bewusstseinsstufe erfahren wurde, nicht nur in Begriffe, die einer anderen Bewusstseinsstufe entsprechen, sondern er überträgt auch aus der Sprache des begrifflichen oder rationalen Denkens in die Sprache der Bilder und Symbole. Die Übersetzung bringt das, was man in den Tiefen erfahren hat, an die Oberfläche oder aus der Dunkelheit ans Licht.

Damit zeigt Sangharakshita, dass die Welt des Nicht-Rationalen nicht im Gegensatz zum Rationalen stehen muss, sondern eine Welt eröffnen kann, die das menschliche Leben bereichert und einen auf dem spirituellen Weg voranbringt. Man kann sich über das Alltägliche hinaus in neue Dimensionen des Bewusstseins und letztlich in die Realität selbst erheben.

Die Aufsätze sind ursprünglich 1984 bzw. 1985 in englischer Fassung erschienen und liegen nun erstmals in deutscher Sprache vor. Eine Publikation vom Manuskript bis zum Druck herzustellen, ist das Werk vieler. Die Herausgeber danken Dhammaloka für die genaue Übersetzungsarbeit, Marc Röffke und Andreas Eickelkamp fürs Lektorat und Michael Schuierer für das Korrekturlesen. Maitricarya hat die aufwändige Arbeit des Buchsatzes übernommen. Wir wünschen den Leserinnen und Lesern eine gewinnbringende Lektüre.

Berlin, 2020
Die Herausgeber

DIE REISE NACH IL CONVENTO

Wir alle sind hierher nach Il Convento[1] gereist. Die meisten von euch haben diese Reise zum ersten Mal gemacht, einige zum dritten oder sogar vierten Mal. Die meisten, die diese Reise erstmals unternommen haben, hoffen während der drei Monate, die wir zusammen hier sein wollen, ordiniert[2] zu werden. Meine Bemerkungen richten sich vor allem an sie, obwohl das, was ich zu sagen habe, auch für jene gilt, die nicht nach Il Convento gereist sind, um ordiniert zu werden – da sie schon ordiniert sind –, sondern um anderen zu helfen, sich auf ihre Ordination vorzubereiten.

Wenn ich mich also nun an jene unter euch wende, die in der Hoffnung, ordiniert zu werden, erstmals die Reise nach Il Convento zurückgelegt haben, frage ich mich, inwieweit euch die Bedeutung und der wahre Charakter dieser Reise für eure Ordination hier bewusst ist. Zunächst einmal: Als ihr die Einladung zu diesem Vorbereitungskurs erhalten habt, mag es euch so vorgekommen sein, als sei die Reise nach Il Convento vor allem ein Mittel zum Zweck – und der Zweck ist natürlich, hoffentlich ordiniert zu werden. Vielleicht dachtet ihr, die Anreise wäre eher bedeutungslos. Sie war vielleicht etwas, was man so schnell und so billig wie möglich hinter sich bringen muss, um mit möglichst geringem Aufwand von London, Glasgow oder sonst woher nach Il Convento zu kommen. Andererseits mochte es euch auch so vorgekommen sein, als böte die Reise nach Il Convento die Gelegenheit, etwas zu genießen, was ihr vielleicht schon lange nicht mehr genießen konntet, zumal wenn ihr in einer FWBO-Kooperative[3] gearbeitet habt: Urlaub, vielleicht zusammen mit dem einen oder anderen spirituellen Freund, oder auch, weniger achtsam, in anderer Gesellschaft. Doch selbst wenn es euch nur darum ging anzureisen oder unterwegs noch einen Kurzurlaub einzulegen, wird euch

---

1 *A. d. Ü.:* Das Kloster Santa Croce (Il Convento di Santa Croce) liegt in der Provinz Grosseto in der Toskana auf einem Hügel gegenüber dem Dorf Batignano.

2 *A. d. Ü.:* Die Ordination ist die rituelle Aufnahme in den Buddhistischen Orden Triratna (früher „WBO") auf der Grundlage der „effektiven Zufluchtnahme zu Buddha, Dharma und Sangha": die radikale Umorientierung des eigenen Lebens, um sich voll und ganz dem Streben nach Erleuchtung zu widmen.

3 *A. d. Ü.:* Kooperativen der Triratna-Gemeinschaft (früher „FWBO") bieten als Unternehmen rechten Lebenserwerbs auf Teambasis eine wichtige Möglichkeit der spirituellen Übung.

früher oder später klar geworden sein, dass die Reise nach Il Convento mehr als ein bloßes Mittel zum Zweck ist, mehr als ein erfreuliches Zwischenspiel, sondern dass sie an sich bedeutsam ist, und zwar auf eine nicht leicht zu fassende Weise. In der Tat mag es einigen von euch so vorgekommen sein, dass der Ausdruck „Reise nach Il Convento" geheimnisvolle, ja sogar archetypische Obertöne angenommen hat, je häufiger ihr die magischen Worte *Il Convento, Batignano* und *Grosseto* gehört habt und je leichter sie euch wie Mantras über die Lippe gehen.

Das ist eigentlich nicht überraschend. Bei mehr als einer Gelegenheit habe ich schon darüber gesprochen, dass wir in unserem Leben etwas ausagieren, was ich den „persönlichen Mythos" nenne. Die verschiedenen Reisen, die wir machen, bilden oft einen wichtigen Teil dieses Mythos. Tatsächlich ist die *Reise* sozusagen ein eigenständiger Mythos oder genauer ein Archetyp, der in vielen Mythen und Symbolen, in vielen Sagen und Geschichten zum Ausdruck kommt, ohne von ihnen je ganz ausgeschöpft zu werden oder mit einer anderen oder gar allen identisch zu sein. Da gibt es die Argonautenfahrt des Iason mit der Suche nach dem Goldenen Vlies und die zehn Jahre dauernde Irrfahrt des Odysseus von den „widerhallenden Ebenen des windigen Troja" zurück in seine Heimat auf dem felsigen Ithaka; wir haben den noch längeren Auszug des erwählten Volkes aus Ägypten ins Gelobte Land; die Reise des Affenkönigs nach Westen, das heißt nach Indien, von wo aus er und seine Gefährten mit den *falschen* Schriften nach China zurückkehrten;[4] die Nachtfahrt des Propheten Mohammed von Mekka nach Jerusalem und von Jerusalem in die Himmel; Dantes Weg durch Hölle, Fegefeuer und Paradies; die Reise von Christian aus der „Stadt der Zerstörung" in die himmlische Stadt Jerusalem[5]; Bashos Reise aus dem hohen Norden[6] ... und viele weitere Reisen über Land und auf See, durch die Luft, durch Welten und sogar Universen. Allen die-

---

4 *A. d. Ü.:* In dem chinesischen Roman aus dem 16. Jahrhundert macht sich der Affenkönig auf den Weg nach Indien, von wo er Buddhas heilige Schriften nach China bringen soll. Die Schriften wurden verfälscht, weil sie aufgeschrieben worden waren.

5 *A. d. Ü.:* Aus John Bunyans *Pilgerreise zur ewigen Seligkeit* (1678), einer allegorischen Reise ins Jenseits

6 *A. d. Ü.:* Im 17. Jahrhundert schrieb der japanische Dichter Matsuo Basho das Reisetagebuch *Oku no Hosomichi*.

sen Reisen kommt, manchen deutlicher als anderen, eine Bedeutung zu, die sich nicht in ihrem wörtlichen, oberflächlichen Sinn erschöpft. Von einer so wichtigen Reise wie der nach Il Convento, das heißt der Reise zum Ort der Ordination mit allem, was eine Ordination mit sich bringt, kann man erwarten, dass sie von ganz besonderer Bedeutung erfüllt ist, auch dann, wenn sich diese Bedeutung nicht unmittelbar erschließt.

Zunächst einmal ist die Reise nach Il Convento eine Reise von Westen nach Osten. Die meisten von euch haben die Reise in England angetreten. Auch diejenigen, die jetzt nicht von dort aus angereist sind, haben einige Zeit in England gelebt, bevor sie sich auf den Weg nach Il Convento gemacht haben. Der Osten ist natürlich Ursprung des Lichts, denn dort geht die Sonne auf. Seit undenklichen Zeiten war eine Reise nach Osten eine Reise zum Licht oder eine spirituelle Reise. Im mittelalterlichen Iran gab es sogar eine Schule mystischer Philosophen, die man *Illuminationisten* oder *Orientalisten (ishrāqīya)* nannte. Damit waren jene gemeint, die sich zum „Orient", zur Welt übersinnlicher Wirklichkeiten hinwandten, sich dorthin „orientierten" und dahin reisten und die vom Eintritt in jene Welt als Ankunft bei einer „orientalischen" Erkenntnis *('ilm ishrāqi)* sprachen. In jüngerer Zeit schrieb Hermann Hesse eine Erzählung über eine geheimnisvolle „Morgenlandfahrt", die nicht nur von einer, sondern von mehreren Personen unternommen wird.

Die Reise nach Il Convento ist also zunächst einmal insofern bedeutsam, dass es eine Reise gen Osten ist und zugleich eine spirituelle Reise, eine Pilgerfahrt. Natürlich könnte man einwenden, Il Convento sei nicht gerade weit östlich von England gelegen und eine echte Reise ins Morgenland würde einen nicht nur nach Italien, sondern nach Indien, nicht nach Batignano, sondern nach Bhaja führen. In gewissem Sinn stimmt das auch, und vielleicht spricht einiges dafür, diese Vorbereitungskurse weiter entfernt von England abzuhalten als bisher. Dann wäre es nicht bloß eine Reise nach Il Convento oder auch nach Bhaja, sondern eine Reise nach Sārnāth oder nach Bodhgayā. Wir dürfen aber nicht vergessen, dass die Reise ins Morgenland eigentlich nicht an irgendeinem bestimmten Punkt endet, ob man diesen nun wörtlich oder metaphysisch versteht. Alles, was wir für unsere Reise, sei sie kurz oder lang, wesentlich ist, ist die Richtung, dass sie gen Osten geht, und zwar im *wahren*

Sinn des Begriffs einer Reise ins Morgenland. Ob die Reise nach Il Convento oder nach Bodhgayā führt oder sogar nach Padmaloka,[7] ist völlig zweitrangig.

Mag die Reise nach Il Convento auch eine Reise von West nach Ost sein, so ist sie doch auch eine Reise von Nord nach Süd. Sie ist eine Reise aus dem protestantischen Norden in den katholischen Süden, in gewissem Grad sogar in den heidnischen Süden. Sie ist eine Reise aus der Kälte in die Wärme, aus der Dunkelheit an die Sonne, von heller Haut und blondem Haar zu dunkler Haut und schwarzem Haar, von Nadelwäldern zu Olivenhainen, von Gerstenfeldern zu Weingärten, von grimmigen Gestalten wie Thor und Wotan zu gefälligeren wie Ceres und Bacchus (Dionysos). Sie ist eine Reise von Himmeln und Meeren, die fast immer grau sind, zu solchen, die selten anders sind als blau. In einem anderen Sinn ist es eine Reise von der Oberfläche der Dinge in ihre Tiefen, vom bewussten zum unbewussten Geist, von Gehirnzellen zum Blutstrom (wie der Schriftsteller D. H. Lawrence vielleicht sagen würde), vom Modernen zum Archaischen, aus der Gegenwart in die Vergangenheit, vom Rationalem ins Irrationale. Um vorangehen zu können, müssen wir zurückgehen, oder eher: Wir müssen zugleich vorwärts und rückwärts gehen. Um uns ostwärts zu bewegen, müssen wir uns gen Süden begeben. Um zu Licht und Leben zu reisen, müssen wir Finsternis und Tod durchqueren.

Abgesehen davon, dass die Reise nach Il Convento von West nach Ost und von Nord nach Süd führt, verläuft sie auch nicht geradlinig, sondern eher in Kurven oder im Zickzack. Die meisten von euch sind nicht auf direktem Weg hierhergekommen. Ihr habt alle möglichen Abstecher gemacht, sodass eure Reiserouten, würde man sie in eine Europakarte eintragen, nicht einen einzigen Pfad, sondern ein kompliziertes Geflecht von Linien bilden würden, die schließlich alle bei Il Convento enden. Sehen wir einmal von denjenigen ab, die auf dem schnellsten und kürzesten Weg hierhergekommen sind – und vielleicht auch von jenen, die sich auf dem Weg noch einen Urlaub gegönnt haben. Der Grund für eure Abstecher ist wohl der, dass ihr die Reise nach Il Convento genutzt habt, um einige Sehenswürdigkeiten zu besuchen und dass ihr deshalb, wenn auch vielleicht mit Überschneidungen, an verschiedenen

---

7 *A. d. Ü.:* Padmaloka ist ein im Osten Englands gelegenes Retreat-Zentrum der Triratna-Gemeinschaft in der Nähe von Norwich.

Orten gewesen seid. Warum aber habt ihr euch entschieden, etwas von Rom und Neapel zu sehen (ich gebe hier ganz hypothetische Beispiele, denn ich weiß nicht genau, wo jeder von euch gewesen ist), statt etwas von Venedig und Ravenna? Was genau war es, was euch zur rot gerippten, scheinbar über einem Meer roter Dächer schwimmenden Kuppel von *Santa Maria del Fiore* in Florenz hinzog? Warum wart ihr so sehr darauf erpicht, den schiefen Turm von Pisa zu sehen? Was für eine Art geistiges Bild hattet ihr von diesen Orten, oder was bedeuteten sie für euch, sodass ihr euch entschieden habt, diesen Ort aufzusuchen statt jenen? Was hat euch dazu gebracht, vom direkten Weg in eben diese Richtung abzuweichen und nicht in eine andere? Sicherlich spielten auch praktische Erwägungen eine Rolle, aber der letztlich entscheidende Faktor dürfte subjektiv oder sogar weitgehend unbewusst gewesen sein.

Das ist aber noch nicht alles. In Rom und Neapel wie in Venedig und Ravenna und den zahllosen Orten, die ihr vielleicht besucht habt, gab es bestimmt viele Kirchen und Paläste, viele Museen und Galerien, viele Gärten und Grotten. Was war es nun, das euch zur einen statt zur anderen führte und euch bewog, vor diesem Bild oder dieser Skulptur länger zu verweilen als vor jener? Letztes Jahr berichtete ein Ordensangehöriger, er sei, als er Michelangelos *David* in der florentinischen *Galleria dell'Accademia* sah, so überwältigt gewesen, dass er sich vor ihm niederwerfen wollte. Warum hatte er (anscheinend) nicht den Wunsch, sich vor Orcagnas *Tabernakel* niederzuwerfen oder auch vor Donatellos *David*? Auf eurem Weg von einer Stadt Italiens zur anderen, von einer Kirche, einem Museum, einem Gemälde, einer Skulptur zur anderen wurdet ihr sicherlich nicht so sehr von Logik geleitet als von etwas, das man als irrationales Wissen im Sinne eines undeutlichen Bewusstseins oder inneren Drangs umschreiben könnte. Und weil ihr auf diese Weise geleitet wurdet, war eure Reise nach Il Convento nicht gradlinig, sondern folgte Kurven, im buchstäblichen wie im metaphysischen Sinn, denn mit den Worten des irischen Dichters William Butler Yeats:

> *Weisheit ist ein Schmetterling,*
> *Kein düsterer Raubvogel.*

Sie ist ein Schmetterling, denn Schmetterlinge flattern von Blüte zu Blüte oder auch im Zickzack durch die Luft, wie ihr bestimmt auf euren Spaziergängen rund um Il Convento beobachtet habt. Anscheinend gibt es hier viel mehr Schmetterlinge als in vielen Teilen Englands, und manche sind von seltener Art. In diesem Zusammenhang erinnere ich mich daran, einmal gelesen zu haben, dass man Straßen in China früher nicht gerade, sondern mit vielen plötzlichen Kurven angelegt hat, weil die Menschen glaubten, böse Geister könnten sich nur in geraden, nicht in geschlängelten Linien fortbewegen. In der Moderne legte man viele westliche Städte nach einem Rasterplan an, so dass kerzengerade Straßen sich in exakt rechten Winkeln kreuzen. Paris wurde beispielsweise in der Mitte des 19. Jahrhunderts nach einem solchen Plan wiederaufgebaut. Das hatte den Grund, dass gerade Straßen es der Regierung im Fall eines bewaffneten Aufstands ermöglichen würden, mit maximaler Wirkung Artillerie gegen revolutionäre Massen einzusetzen. Wie böse Geister, so können auch Gewehrkugeln und Artilleriegeschosse keinen Schlangenlinien folgen.

Kehren wir aber zur Reise nach Il Convento zurück. Wer sich Zeit für Besichtigungen genommen hat, wird zu diesem statt zu jenem Gebäude gekommen sein und vor dieser Statue und jenem Bild statt vor anderen gestanden haben. Weniger, weil ihr es historisch oder künstlerisch besonders interessant fandet (obwohl das sicherlich manchmal der Fall war), sondern vor allem, weil ihr davon tief bewegt wart und es wenigstens für euch eine Bedeutung hatte, die ihr nicht erklären konntet. Aus vielleicht offensichtlichen Gründen wurdet ihr dabei wahrscheinlich eher von Skulpturen und Gemälden als von Gebäuden berührt und vielleicht auch eher von einzelnen Gestalten, ob Skulptur oder Bild, als von Figurengruppen oder Landschaften. Wie dem auch sei, wahrscheinlich bewegte euch ein bestimmtes Kunstwerk deshalb so tief, weil es ein Sinnbild oder Symbol repräsentiert und weil dieses Sinnbild oder Symbol einen Archetyp verkörpert. Dabei ist es wichtig, keine allzu scharfe und voreilige Unterscheidung vorzunehmen, sei es zwischen Sinnbild und Symbol oder einer Skulptur und einem Gemälde, die es repräsentieren, sei es zwischen dem Archetyp und dem Sinnbild oder Symbol, in dem dieser Ausdruck findet. Mehr noch: Wenn ihr empfänglich genug und zugleich empfindlich für das wart, was ihr gesehen habt, dann wird das irrationale Wissen, das euch zunächst zu einer bestimmten Skulptur oder einem Bild geführt hatte, nun dank eures Kontaktes mit diesem Kunstwerk so sehr geklärt und gestärkt worden sein, dass es in Vorstellungskraft umgewandelt wurde. Damit meine ich keine bloße Einbildung, sondern eine Fähigkeit zur Wahrnehmung von Sinnbildern als archetypischen Bildern – d.h. Bildern, die Archetypen verkörpern. Wenn ihr diese Fähigkeit einmal entwickelt habt, geht ihr von einem Kunstwerk zum anderen oder von einem Bild zum nächsten und empfindet dabei jedes Kunstwerk und jedes Bild als bewegender und bedeutsamer als das vorige. So ist die Reise nach Il Convento nicht nur eine kurvenreiche Reise von einem Bild zum nächsten. Sie ist tatsächlich eine Reise durch eine Welt der Sinnbilder oder durch eine Welt der Vorstellungskraft, und darin liegt ihre größte Bedeutung.

Das alles muss offenkundig weiter erläutert werden, und vielleicht denkt ihr, dass ich viel zu schnell vorgehe. Vielleicht denkt ihr sogar, eure eigene Reise hätte der von mir hier beschriebenen Reise nach Il Convento nicht entsprochen. An diesem Punkt ist es vielleicht am besten, wenn ich dazu ein oder zwei Beispiele aus meiner eigener Erfahrung schildere.

Diese Beispiele kommen zwar nicht von meinen Reisen nach Il Convento, aber sehr wohl von einer Reise nach Italien. Ich unternahm sie im Sommer 1966, als ich auf dem Weg nach Griechenland durch Italien fuhr, über den Gotthardpass einreiste und es über den Hafen von Brindisi wieder verließ. Damals war ich zum ersten Mal in Italien. Da italienische Kunst, insbesondere die Kunst der italienischen Renaissance, mich schon seit meiner Kindheit sehr interessierte, wollte ich die Gelegenheit bestmöglich nutzen. Wohin ich auch kam, versuchte ich sämtliche Kirchen, Paläste, Museen, Kunstgalerien und in ihnen jede Skulptur und jedes Gemälde zu sehen. Auf diese Weise durchquerte ich Norditalien, kam nach Mailand, Bergamo, Verona, Vicenza, Venedig, Padua und Ravenna. Wahrscheinlich sah ich Hunderte Bauwerke und Tausende Skulpturen und Gemälde. Im Lauf der Tage bemerkte ich, wie manche Gemälde mich stärker anzogen als andere und dass diese Anziehungskraft oft mehr mit dem Bildthema zu tun hatte als mit der Qualität der Ausführung oder dem Ruf des Künstlers. Eines der Themen oder Motive, die mich besonders stark anzogen, war das des heiligen Hieronymus. Der hl. Hieronymus gehört zu den vier lateinischen Kirchenvätern. Er lebte in der zweiten Hälfte des vierten und dem ersten Viertel des fünften Jahrhunderts. Er war Zeitgenosse des hl. Augustinus, eines anderen Kirchenvaters, mit dem er eine erbitterte Korrespondenz führte. Im mittleren Alter verließ er Rom, um in Bethlehem im Heiligen Land zu leben. Die christlichen Bildwerke stellen ihn gewöhnlich in diesem Lebensabschnitt dar.

Während jener Reise im Jahr 1966 werde ich wohl zwei oder drei Dutzend Bilder des hl. Hieronymus gesehen haben, und seither sah ich noch viele weitere im Original oder als Reproduktion. Gewöhnlich wird er in der Wüste oder in seiner Zelle dargestellt, entweder auf Knien vor einem Kruzifix oder an seinem Schreibpult. Am meisten fühlte ich mich von jenen Bildern angezogen, die ihn in seiner Zelle, gewissermaßen seiner Studienklause zeigen. Vor ihm befindet sich eine Sanduhr, ein Löwe (den er gezähmt hatte) schläft zu seinen Füßen, sein roter Kardinalshut hängt an der Wand[8]; ein dickes Buch liegt aufgeschlagen vor ihm, und er hält einen Federkiel in seiner Hand. Der hl. Hieronymus war es, der für die Herausgabe der *Vulgata* verantwortlich war, der lateinischen Standardversion der Bibel, die während des ganzen Mittelalters verwendet wurde. Wenn er in seiner Studienklause gezeigt wird, ist das allgemein als Bezug auf seine Arbeit an diesem großen Werk zu verstehen. Nebenbei bemerkt, wird er als sehr alter Mann mit langem, weißem Bart dargestellt. Manchmal ist seine Klause praktisch leer, manchmal mit allem ausgestattet, was dem Komfort und Wohlbefinden eines Gelehrten dient. Irgendwie setzte sich dieses Thema oder Bild in meinem Geist fest. Der hl. Hieronymus war der *alte Weise*, und wie ihr wisst, ist der alte Weise einer von Jungs Archetypen des kollektiven Unbewussten. Dass Hieronymus mit einem Werk der Übersetzung befasst war, zumal dem der Übertragung des Wortes Gottes in die gewöhnliche menschliche Sprache, bedeutete, dass etwas in den Tiefen Verborgenes an die Oberfläche gehoben oder aus der Dunkelheit ans Licht gebracht wurde. Somit war der hl. Hieronymus der *Alchemist* – eine andere Verkörperung des alten Weisen. Seine Studienklause (manchmal als Höhle gemalt) war die Werkstatt des Alchemisten und sogar der Destillierkolben, in

---

8 Auf Grund seiner Verbindung mit dem regierenden Papst wurde er traditionell als Kardinal betrachtet, obwohl Kardinäle im eigentlichen Sinn erst viele Jahrhunderte später aufkamen.

dem der rote König und die weiße Königin sich vereinigen, der Schmerztiegel, in dem Blei in Gold umgewandelt wird. Auf diese Weise tendiert das Bild des hl. Hieronymus in seiner Studienkammer dazu, mit anderen Bildern zu verschmelzen, und zwar nicht nur mit dem des Alchemisten in der Werkstatt, sondern auch mit jenem des Philosophen im Studierzimmer – und besonders mit Rembrandts *Meditierendem Philosophen*, hinter dem eine Wendeltreppe in die Dunkelheit hinaufsteigt.

Bestimmt fühlte ich mich damals teilweise aufgrund meiner persönlichen Situation zum Bildnis des hl. Hieronymus hingezogen. Ich lebte in der Wüste. Ich hatte das „Rom" des kollektiven, offiziellen, sogar etablierten Buddhismus verlassen und bemühte mich, zu den Ursprüngen des Buddhismus im echten Leben und zu der Erfahrung des Buddha und seiner unmittelbaren Schüler zurückzukehren. Nicht nur das. Ich versuchte, Buddhismus im Westen zu lehren, und das bedeutete zu versuchen, den Geist des Dharma in der Sprache westlicher statt östlicher Kultur zu vermitteln. Somit war ich ein Übersetzer mit allem, was es heißt, die äußersten Tiefen dessen zu ergründen, was man übersetzen will, sodass man es originalgetreu übertragen, also seine Bedeutung an die Oberfläche heben und aus der Dunkelheit ins Licht bringen kann. So fand ich mich zum Bild des hl. Hieronymus hingezogen und konnte dieses Bild als Verkörperung des Archetyps des alten Weisen als „Übersetzer" und Alchemist sehen, weil ich eine persönliche Verbundenheit mit diesem Bild hatte oder weil es etwas in mir gab, das diesem Bild entsprach. Mit anderen Worten, ich hatte die Fähigkeit entwickelt, Sinnbilder dieser Art wahrzunehmen. Ich besaß „Einbildungskraft" oder, denn das Wort „Einbildung" wird oft abwertend benutzt: Ich besaß wenigstens Ansätze dessen, was man „Vorstellungsvermögen" (*imaginal faculty*) nennt. Dieses Vorstellungsvermögen versetzte mich in die Lage, in der Gestalt des Hieronymus mehr zu sehen als das, was die Bilder selbst zeigen, ob man sie nun als „Kunstwerke" im modernen Verständnis ansieht oder als Beispiele traditioneller religiöser Ikonographie. Sie versetzte mich in die Lage, die Gestalt des hl. Hieronymus – der in gewissem Sinn nicht mehr der hl. Hieronymus war – als in Wirklichkeit einer ganz anderen Sphäre zugehörig zu sehen. Sie versetzte mich in die Lage, ihn als ein Sinnbild zu sehen, das in einer Welt von Sinnbildern besteht oder in einer imaginativen (*imaginal*) Welt – einer Welt, zu der man dank der Vorstellungskraft Zugang hat.

Ein anderes Bild, zu dem ich mich damals hingezogen fühlte, war das Bild des Engels, doch es zog mich weniger stark an als das Bildnis des heiligen Hieronymus. In der Tat muss dieses spezielle Bildnis des Engels mich schon früh im Leben angezogen haben, denn ich kann mich daran erinnern, dass ich als Dreizehn- oder Vierzehnjähriger eine Serie von Bleistiftzeichnungen von Engeln schuf. Ich malte diese Engel durch die Luft schwebend oder fliegend, und weil einer von ihnen ein Schwert hielt, wird das wohl der Erzengel Michael gewesen sein. Einige Jahre später, während meiner Zeit in Kalimpong, beeindruckte mich das Bild des Engels sehr tief, der in Rilkes *Duineser Elegien* auftritt. Nachdem ich mein Interesse an Engeln einige Jahre lang hatte ruhen lassen, nahm ich das Studium dieses Bildes kürzlich wieder auf und dachte mehr darüber nach. Manche von euch werden wissen, dass das Bild von Tobias und dem Engel dank der Reproduktionen des bekannten Gemäldes aus der Londoner Nationalgalerie in unserer Gemeinschaft heute als Sinnbild für *kalyāṇa-mitratā* oder spirituelle Freundschaft weit verbreitet ist. Vielleicht seid ihr auf eurer Reise nach Il Convento, so wie ich bei meinem Italienbesuch 1966 und auch auf meinen weiteren vier Reisen nach Il Convento, anderen Versionen dieses Motivs begegnet. Dass ihr auf dem Weg nach Il Convento Bilder von Tobias und dem Engel sehen würdet, ist natürlich vollkommen passend, denn eure Reise nach Il Convento entspricht Tobias' Weg nach Rages im persischen Reich, und so wie er benötigt auch ihr die Begleitung durch einen Engel, egal ob dieser sichtbar oder unsichtbar ist. Wenn kein Engel euch begleitet, ist diese Reise überhaupt keine spirtuelle Reise, sondern eine gewöhnliche.

Das Bild des hl. Hieronymus ist wie das des Engels ein christliches Bild, und vielleicht fragt ihr euch, inwieweit solche Bilder für Buddhisten bedeutsam sind. Das ist indes nur ein scheinbares Problem, dass wir mit dem Hinweis auf Jungs „Archetypen des kollektiven Unbewussten" beseitigen können. Als Jung die Träume seiner Patienten untersuchte, entdeckte er, dass sie oft ganz spontan Themen und Motive widerspiegeln, die in den verschiedenen Mythen der Menschheit ebenso wie in den Lehren der Religionen eine wichtige Rolle spielen. Manche Patienten beschrieben – und malten – kreisförmige Gebilde, die buddhistischen Mandalas auf verblüffende Weise ähneln. Jung schloss aus diesen Eindrücken, dass es verschiedene psychische Grundmuster oder Archetypen gibt, die die ganze Menschheit früher wie auch heute miteinander teilt und die in Mythen, religiösen Überzeugungen, Träumen und Kunstwerken Ausdruck finden. Er nannte diese gemeinsamen psychischen Muster „Archetypen des kollektiven Unbewussten". Zwar waren die Muster oder Archetypen allen Menschen gemeinsam, doch das gilt nicht für die jeweiligen Formen, in denen sie sich ausdrücken. Somit sind die Bilder des Hieronymus und des Engels zwar christliche Bilder, dies aber nur in dem Sinn, dass in ihnen ein Archetyp, der selbst von universaler Bedeutung und Wertigkeit ist, in eine christliche, italienische Renaissanceform oder sogar in eine für einen bestimmten Künstler typische Form gebracht wurde. Deshalb kann auch ein christliches Bild für Buddhisten bedeutsam sein. Wovon man sich als Buddhist angezogen fühlt, ist weniger die christliche Fassung des Bildes als vielmehr der Archetyp, dessen Verkörperung es darstellt. Darum ist es auch der Archetyp, der für Buddhisten bedeutsam ist. Manchmal aber, beispielsweise bei der Kreuzigung, wird die in dem christlichen Bild gewählte Form dem buddhistischen Empfinden so sehr widerstreben, dass Buddhisten sich von dem Bild und somit – wenigstens in diesem Fall – auch von dem Archetyp, der darin verkörpert ist, nicht angezogen fühlen. Bei Bildern wie denen des hl. Hieronymus und des Engels hingegen kann die Tatsache, dass die im Bild gewählte Form durch eine Kultur bedingt wird und zu einer Kultur gehört, mit der (westliche) Buddhisten vertraut sind und zu der sie eine deutliche emotionale Verbindung fühlen, sogar bedeuten, dass sie sich stärker dazu hingezogen fühlen als zu seinem traditionellen buddhistischen Gegenstück, sofern es ein solches gibt. Damit befindet man sich als Buddhist in der unbehaglichen Lage, ein christliches Bild persönlich bedeutsam zu finden, weil es einen Archetyp verkörpert, den man im spezifisch buddhistischen Sinn intellektuell besser versteht und auch spirituell stärker zu schätzen weiß. In wieder anderen Fällen mögen Buddhisten sowohl das christliche Bild als auch sein buddhistisches Gegenstück bedeutsam finden. Vielleicht ist ihnen auch klar, dass beide Bilder kulturspezifische Verkörperungen ein und desselben Archetyps sind, obwohl sie sich überdies klar bewusst sind, dass der Archetyp im Buddhismus in einen viel weiteren und bedeutungsvolleren Kontext eingegliedert ist.

Das traf für mich besonders im Hinblick auf das Bild des Engels zu und war wahrscheinlich auch einer der Gründe, warum ich mich davon angezogen fühlte. Obwohl es christlich ist, hat das Bild des Engels nicht nur unmittelbare Vorläufer in der klassischen Antike, sondern auch Entsprechungen in nahezu allen Religionen und Kulturen. Das lässt sich schon mit einem flüchtigen Blick auf die Illustrationen in Peter Lamborn Wilsons bekanntem Buch *Engel*[9] erkennen. Soweit es den Buddhismus angeht, sind *devas* und Bodhisattvas, wie sie in der traditionellen buddhistischen Kunst dargestellt werden, die hauptsächlichen Entsprechungen zum Bildnis des Engels. Buddhisten können das Bild eines Bodhisattvas durchaus als Verkörperung schlechthin des jeweiligen Archetyps empfinden. Vielleicht haben sie sogar das Gefühl, der Archetyp, den der Bodhisattva verkörpert und den das Bild des Engels in einem anderen kulturellen Kontext und auf einer niedrigeren spirituellen Ebene widerspiegelt, sei in Wirklichkeit nichts anderes als sozusagen der Archetyp der Erleuchtung, und als solcher geht er weit über die Archetypen hinaus, die Jung entdeckt hatte. Das wiederum legt nahe, dass sie den Sinn des Begriffs „Archetyp" erweitern, was seine Bedeutung in einem aktuellen psychologischen System erheblich übersteigt. Es legt auch nahe, dass es gewissermaßen Schichten von Bildern gibt, und zwar entsprechend dem Grad, in dem sie Verkörperungen eines bestimmten Archetyps darstellen. Vielleicht folgt daraus sogar, dass es verschiedene Schichten von Archetypen gibt. Das bedeutet, dass das Vermögen, diese Bilder wahrzunehmen, unterschiedlich stark ausgeprägt ist und diese Fähigkeit sich zunehmend entfaltet oder zeigt. Das führt uns zu der Auffassung, dass es eine Hierarchie von Stufen der Vorstellungskraft oder der Imagination gibt. Sie entspricht einer Hierarchie von Bildern und Archetypen oder einer vorgestellten (*imaginal*) Welt. Im Buddhismus kennt man diese Welt als die Welt – oder die Welten – der Götter, zu deren verschiedenen Ebenen und Unterebenen man durch Kultivierung der entsprechenden Geistesverfassung mittels einer besonderen „Sammlung" (*dhyāna*) oder „erhabenen Verweilung" (*brahmavihāra*) Zugang findet.

---

9   Peter Lamborn Wilson, *Engel*. Stuttgart u. a., Kohlhammer Verlag 1981

Zwar habe ich von Vorstellungsvermögen (*imaginal faculty*) gesprochen, doch darf man den Ausdruck nicht zu wörtlich nehmen. Die Vorstellungskraft oder das Vermögen zur Bildwahrnehmung ist weniger eines unter anderen Vermögen als vielmehr der Mensch – der spirituelle Mensch – selbst. Man spricht hier von einem Vermögen, weil es bei den meisten Menschen nur in solch rudimentärer Form existiert, dass es schlicht und einfach bloß wie eine „Fähigkeit" wie etwa Verstand oder Emotion erscheint, sofern es denn überhaupt schon entwickelt oder erkennbar ist. In Wirklichkeit ist das Vorstellungsvermögen der Mensch selbst, denn wenn man wirklich ein Bild wahrnimmt, nimmt man es ganz mit sich selbst oder mit seinem ganzen Sein wahr. Wenn man ein Bild wirklich wahrnimmt, wird man deshalb in jene Welt versetzt, zu der das Bild gehört, und wird zumindest zeitweise zum Bewohner dieser Welt. Anders gesagt, ein Bild wirklich wahrzunehmen, heißt, ein Bild zu werden, sodass man, wenn man von der Imagination oder der Vorstellungskraft spricht, eigentlich sagt: *Bild nimmt Bild wahr.* Das bedeutet: Was man wirklich wahrnimmt, wenn man ein Bild wahrnimmt, ist in gewissem Sinn man selbst.

Ihr könntet jetzt meinen, ich sei ziemlich weit von der Reise nach Il Convento abgekommen, aber das stimmt nicht wirklich. Buddhismus betrachtet die weltliche Existenz als in drei große Ebenen oder „Welten" geschichtet, zu denen jeweils untergeordnete Welten oder Unterebenen gehören. Diese drei Welten oder Ebenen (*loka, dhātu*) sind jene (1) des Begehrens von sinnlicher Erfahrung (*kāma*), (2) der archetypischen Form (*rūpa*) und (3) der nicht-archetypischen Form (*arūpa*) oder genauer der äußerst subtilen archetypischen Form. „Jenseits" dieser drei Welten liegt das Unbedingte oder Transzendente. In den Begriffen spiritueller Kosmographie besteht das spirituelle Leben in einer Reise aus der Welt oder Ebene sinnlichen Begehrens durch die Welten oder Ebenen archetypischer und äußerst subtiler archetypischer Form hin zum Unbedingten oder Transzendenten. Und die Reise nach Il Convento ist ein Sinnbild oder Symbol für diese archetypische Reise. Somit lasst ihr, wenn ihr am Anfang eurer Reise von England aus aufbrecht, nicht nur graue Himmel zurück. In Wirklichkeit verlasst ihr die Welt sinnlichen Begehrens. Wenn ihr unterwegs diese oder jene Ortschaft oder Stadt besucht und Sightseeing macht, seht ihr euch nicht bloß Kirchen und Paläste, Museen und Galerien, Gärten und Grotten an, bewundert nicht nur Gebäude, Skulpturen und Gemälde. In Wirklichkeit wandert ihr von einem Bild, das heißt einem archetypischen Bild, zum nächsten, oder ihr reist durch eine Welt von Sinnbildern. In Wirklichkeit durchquert ihr die Welt oder Ebene der archetypischen Form. (Die Welt oder Ebene äußerst subtiler archetypischer Form fällt aus unserem Vergleich eigentlich heraus – außer vielleicht für jene von euch, die etwas Zeit in den Alpen verbracht haben.) Ebenso kommt ihr, wenn ihr in Il Convento eintrefft, an der Schwelle zum Transzendenten an, denn ihr habt die Reise nach Il Convento in der Hoffnung zurückgelegt, ordiniert zu werden oder, mit den überlieferten Begriffen, um Zuflucht zu den Drei Juwelen zu nehmen, und die Drei Juwelen sind nicht nur im Kern transzendent, sondern auch die Handlung des Zufluchtnehmens ist letztlich transzendent.

Somit ist die Reise nach Il Convento nicht nur eine Reise von West nach Ost, von Nord nach Süd und nicht nur eine kurvige oder Zickzack-Reise und auch nicht nur eine Gelegenheit für Besichtigungen. Sie ist auch eine innere Reise, eine innere Erkundung, die einen durch die drei großen Bereiche oder Ebenen der weltlichen Existenz bis hinauf an die Schwelle zum Transzendenten führt. Natürlich ist klar, dass ihr – so erfolgreich ihr die Reise nach Il Convento im wörtlichen Sinn auch gemacht habt – die Reise im metaphorischen Sinn wahrscheinlich nur ganz rudimentär unternommen habt. Insbesondere eure Reise durch die Welt von Sinnbildern war wahrscheinlich sehr lückenhaft und hat nur auf vergleichsweise niedriger Stufe stattgefunden. Vielleicht bestand sie in kaum mehr als einer Reihe von Stippvisiten in unvertrauten Regionen, in denen Bilder eher wie durch Nebel aufschienen, als dass sie sich im strahlenden Sonnenschein vor ewig blauen Himmeln offenbart hätten. Doch selbst wenn dem nicht so war, ist das in gewissem Sinn nicht weiter wichtig. Die eigentliche Reise nach Il Convento muss man nicht nur einmal, sondern viele Male machen. Jedes Mal, wenn ihr die Reise unternehmt, werdet ihr sie gründlicher oder sozusagen auf einer höheren Stufe machen. Es ist, als würde man auf einem spiralförmigen Pfad einen Berg ersteigen. Jedes Mal, wenn man den Berg umrundet, tut man es auf einer höheren Ebene, und dennoch ist es derselbe Berg, den man umkreist. Somit wird man jedes Mal, wenn man die Reise nach Il Convento macht und die Welt sinnlichen Begehrens verlässt, wenn man die Welt der Sinnbilder durchquert und an der Schwelle zum Transzendenten anlangt, das alles umfassender und effektiver tun als zuvor. Die alte Lebensweise, das alte Selbst wird zunehmend aufgegeben, und statt weiterhin nur aus einer Reihe von Stippvisiten in unvertrauten Regionen zu bestehen, wird die Reise durch die Welt der Sinnbilder allmählich zu einem immer weiter ausgedehnten Aufenthalt unter archetypischen Bildern zunehmender Feinheit, Fülle, Schönheit und Erhabenheit, unter denen man sich immer mehr zu Hause fühlt. Zweifellos wird man am Ende christliche Bilder weit zurückgelassen haben, buddhistische Bilder vielleicht ebenso, und man befindet sich in Gegenwart der Archetypen, die jene Bilder verkörpern – und sogar in Gegenwart der Archetypen der Archetypen.

Bevor das aber geschieht, werdet ihr vielleicht erkennen, dass Bilder in der Tat gar nicht so feste und bestimmte Dinge sind, wir ihr ursprünglich dachtet. Bilder sind flüssig. Sie können sich wandeln, was heißt, ihre Bedeutsamkeit kann sich wandeln. Mithilfe einer kurzen Geschichte kann ich vielleicht am besten veranschaulichen, was ich damit meine. Ich habe im Lauf meines Lebens nur sechs oder sieben Kurzgeschichten geschrieben, hatte aber Ideen für viele weitere. Die Kurzgeschichte, die ich jetzt meine, wurde überhaupt nicht niedergeschrieben. Die Idee dazu kam mir erst vor wenigen Wochen, veranlasst durch die Besichtigungen, die mein Freund Prasannasiddhi und ich im Lauf unserer letzten Reise nach Il Convento in Pisa machten. Wie ihr wisst, kann Sightseeing ziemlich ermüdend sein, zumal wenn man älter wird, und ich glaube, die Idee zu der Geschichte entstand als Ergebnis von Müdigkeit, die ich am Tag nach unserem Besuch des *Museo Nazionale di San Matteo*, des schiefen Turms, des *Museo delle sinopie* sowie mehrerer Kirchen empfand. Die Geschichte beginnt damit, dass zwei Personen auf einer Art Kulturreise nach Italien kommen. Ich stellte mir vor, wie sie all die berühmten italienischen Städte besuchen, die großen Kirchen und Paläste, Museen und Kunstgalerien, so, wie ich es 1966 getan hatte. Eines Tages befinden sie sich in einer besonders schönen Kathedrale (und hier beginnt die eigentliche Geschichte), die mit den üblichen Dingen ausgestattet ist: Kreuzigungen, Madonnen (mit und ohne Kind), Verkündigungen, Heilige und Märtyrer (verbrannt, enthauptet, zersägt, gerädert und gebrochen, mit Pfeilen gespickt, von Zangen zerrissen, lebendig gehäutet usw.), Geburtsszenen, Himmelfahrten und Jüngste Gerichte und dazu allerlei Engelchen und Putten. Da es ein so weiträumiger Ort ist und es so viel zu sehen gibt, verbringen die Freunde mehrere Stunden damit, sich in der Kathedrale umzusehen. Mehr noch, sie sind an all den Gemälden und Skulpturen, deren Qualität ganz außerordentlich ist, so sehr interessiert, dass sie gar nicht bemerken, wie der Raum sich allmählich leert und der Küster schließlich im Glauben, alle seien gegangen, die mächtigen Bronzetore für die Nacht verschließt. Der jüngere der beiden Freunde macht sich darum auf die Suche nach einer vielleicht noch offenen Nebenpforte, während sich sein älterer Begleiter, um sich auszuruhen, auf eine Bank am Fuß eines der riesigen gotischen Pfeiler im Mittelschiff setzt. Mittlerweile ist es praktisch dunkel geworden, und er sitzt noch nicht lange dort, als er den wirren Klang von Fußtritten und Stimmen vernimmt. Es ist, als habe eine Gruppe von Touristen die Kathedrale betreten. Doch es sind keine Touristen. Er hebt den Kopf und sieht im Dämmerlicht, das jetzt das ganze Gebäude erfüllt, etwas Außerordentliches. Die gehauenen und gemalten Gestalten, die er und sein Freund vor kurzem noch so intensiv betrachtet hatten, treten von ihren Marmorsockeln herab und aus den geschnitzten und vergoldeten Rahmen hervor auf den Boden der Kathedrale. Es sind Hunderte, und nach kurzem Innehalten scheinen einige von ihnen langsam den Gang herauf in seine Richtung zu kommen. Der Klang der Schritte und Stimmen schwillt allmählich an, während sie sich nähern.

Was nun folgt, sollte der Hauptteil der Geschichte sein und den größten Umfang einnehmen. Da ich sie nicht detailliert ausgearbeitet habe, gebe ich euch nur eine grobe Skizze des Geschehens. Für unsere Zwecke wird das genügen. Nachdem die Figuren von Sockeln und aus Bilderrahmen hervorgetreten waren, beginnen sie sich auf eine Weise zu benehmen, die sozusagen nicht mit ihrem offiziellen Charakter übereinstimmt. Nun, da die Kathedrale geschlossen ist, sind sie nicht mehr im Dienst und können sich aufführen, wie sie wollen. So streckt Christus seine Arme aus und sagt, er sei froh, für einige Stunden vom Kreuz herabsteigen zu können, während die Jungfrau Maria darüber klagt, dass das Kind von Tag zu Tag schwerer werde und sie wirklich nicht wisse, wie lange sie noch dastehen und es halten könne. Das Christuskind selbst spielt unterdessen mit einigen eher schalkhaft aussehenden Putten, und sie versuchen sogar, ein Engelchen, das selbst aus nichts anderem besteht als aus Kopf und Flügeln, als Fußball zu verwenden. Auch der Erzengel Michael ist da. Er legt Schwert und Waage zur Seite, entledigt sich der schimmernden Rüstung und übt Liegestütze im Kirchenschiff. Dann kommt Gottvater herbei, der aus einem gewaltigen Fresko des Jüngsten Gerichts herausgetreten ist. Er ist ziemlich besorgt und grummelt in seinen Bart hinein, er sei es leid, die Menschen zu beurteilen, und außerdem glaube er, einige Fehler gemacht zu haben. Wie um seinen Verdacht zu erhärten, umgeben ihn zahlreiche Gestalten aus demselben Fresko, die sich entrüstet darüber beschweren, wie sie behandelt worden sind. Einige, die in den Himmel geschickt worden waren, klagen, das sei ein langweiliger, öder Ort und sie wollen irgendwohin geschickt werden, wo mehr los ist; manche, die in die Hölle verdammt worden waren, murren, weil die Teufel ihnen keine Beachtung schenken. Sie könnten ja alles ertragen, das aber nicht! Sogar der arme alte hl. Hieronymus ist da. Sein Rücken ist steif von den vielen Stunden am Schreibpult, und er freut sich über die Ruhepause von seiner nicht enden wollenden Übersetzungsarbeit. Was den Löwen angeht, schüttelt der nach dem Aufwachen erst einmal seine Mähne. Dann folgt er dem Hieronymus aus dem Bildrahmen und spaziert gemächlich die Gänge entlang, hält hier und da an und und reibt sich an den Beinen verschiedener Heiliger und Märtyrer, die alle irgendetwas zu den Ereignissen beizutragen haben. Johannes der Täufer bemerkt, es sei schön, den Kopf wieder aufzuhaben, während eine Heilige, deren Namen ich vergessen habe, ähnliches über ihre Brüste sagt. Der hl. Laurentius hofft, niemand werde Anstoß an seinem Hinweis nehmen, dass sein Grillrost repariert werden müsse; die hl. Agnes gesteht der hl. Maria Magdalena, wie ermüdend sie es finde, all diese Lämmer zu hüten, während Maria Magdalena der Agnes anvertraut, sie finde, dass aus Haar gemachte Kleidung[10] ihr nicht mehr stehe. Salome – natürlich weder Heilige noch Märtyrerin – fragt ihre Mutter, ob sie nicht einen neuen Tanz lernen solle, denn nach all den Jahren sei Herodes des immer selben, alten Tanzes offenbar überdrüssig.

---

10 Der Legende nach ist der hl. Agnes von ihrem Kopfhaar ein Kleid erwachsen, nachdem sie gezwungen worden war, sich nackt auszuziehen.

Wie sich die Geschichte von diesem Punkt aus weiter entwickeln soll, fand ich schwer zu entscheiden. Vielleicht werden die Beschwerden, die die Figuren des Jüngsten Gerichts beim Gottvater vorbringen, so laut, dass der ältere der beiden Freunde auf seiner Bank im Mittelschiff zusammenzuckt, sich die Augen reibt und bemerkt, dass die gehauenen und gemalten Gestalten wieder auf ihre Sockel und in die Bilderrahmen zurückgekehrt sind und der Ort nahezu dunkel ist. Vielleicht aber bemerken die Gestalten ihrerseits seine Anwesenheit und stürmen alle auf ihn zu oder versuchen, ihn auf einen der Sockel oder in einen Bilderrahmen zu zerren. Wie auch immer, es war ein Traum, und nun ist er wieder wach. Sein junger Freund steht bei ihm und rüttelt ihn kräftig an der Schulter. Er berichtet, er habe einen noch offenen Nebeneingang gefunden und sie müssten sich sputen, sonst sei es zu spät. Damit endet die Kurzgeschichte.

Es ist natürlich keine besonders originelle Geschichte. Ich habe einen Roman und mindestens zwei Erzählungen gelesen, in denen die Figuren eines Museums zum Leben erwachen und diverse Abenteuer erleben, und das könnte mich beeinflusst haben. Außerdem ist es eine recht abgedroschene Methode, den Hauptcharakter eine ungewöhnliche Erfahrung machen zu lassen, die sich letzten Endes als Traum erweist. Trotz ihrer Mängel hoffe ich aber, dass diese meine jüngste Geschichte veranschaulichen konnte, dass Bilder keine so festen und bestimmten Dinge sind, wie man zunächst glauben mag, und dass sich ihre Bedeutung wandeln kann. Tatsächlich ändern sich Bilder und ihre Bedeutung die ganze Zeit über. Der in der italienischen gotischen Kunst dargestellte Engel unterscheidet sich sehr vom Engel, wie ihn die Kunst der italienischen Renaissance darstellt, und beide sind wieder anders als die Engel des italienischen Barocks, ganz abgesehen davon, dass es innerhalb jeder dieser Epochen große Unterschiede gibt, wie der eine oder andere Künstler Engel darstellt. So kann man sehen, dass das Bildnis des Engels gemeinsam mit der Bedeutung dieses Bildnisses im Lauf weniger hundert Jahre eine ganze Folge von Entwicklungen und Wandlungen durchmacht, und dies allein im Kontext einer einzelnen Nationalkultur.

Sinnbilder können sich nicht nur wandeln, sie können auch zerbrechen. Sie sind „zerbrochen", wenn sie alle Bedeutung für uns verloren haben. Das ist ein Prozess, der einsetzt, wenn wir sie nicht mehr mit dem Vorstellungs-vermögen wahrnehmen oder, was auf dasselbe hinausläuft, wenn wir nicht mehr auf den jeweiligen Archetyp antworten, den sie verkörpern. Ganz buch-stäblich zerbrechen Sinnbilder, wenn die Gemälde und Skulpturen, in denen sie verkörpert waren, zertrümmert oder verbrannt werden. Das passiert für gewöhnlich, wenn die Bilder selbst keine Bedeutung mehr für die Menschen haben, wie es etwa im Fall der Puritaner war, als sie die „abergläubischen" Gemälde und Skulpturen zertrümmerten und verbrannten, mit denen die Ka-thedralen und Kirchen Englands geschmückt waren. Es passiert auch, wenn ihre Bedeutung völlig missverstanden wird wie etwa von den muslimischen Eroberern, die in Indien jene „Götzenbilder" zertrümmerten und verbrann-ten, die sie in den buddhistischen Tempeln und Klöstern entdeckten. Viel-leicht ist es nicht ganz ohne Bedeutung, dass die Reise nach Il Convento eine Reise zu einem vormals christlichen Kloster ist. *Il Convento di Santa Croce*, wie dieser Ort mit vollem Namen heißt, wurde bis vor knapp zweihundert Jah-ren von Franziskaner-Brüdern in ihren braunen Kutten bewohnt. Diese wa-ren zumindest theoretisch „zusammengekommen" – das ist die wörtliche Be-deutung des Wortes, von dem sich *convento* herleitet –, um im Einklang mit dem Ideal christlicher Vollkommenheit zu leben, wie es der hl. Franziskus, der Gründer ihres Ordens, beispielhaft vorgelebt hatte. Wie lange Il Conven-to di Santa Croce damals schon existierte, weiß ich nicht. Vielleicht war das Kloster schon im Mittelalter, vielleicht aber erst später gestiftet worden. Vor ungefähr zweihundert Jahren wurden die Brüder jedenfalls vertrieben und das Gebäude stark beschädigt. Das geschah während der napoleonischen Kriege – wahrscheinlich um die Zeit von Napoleons Streit mit dem Papsttum. Ob die Brüder nach dem Sturz des großen Tyrannen in ihr Kloster zurückkehr-ten, weiß ich nicht.[11] Falls manche von ihnen zurückkamen und falls sie nicht lange gewartet haben, werden sie vielleicht eine große Genugtuung empfun-

---

11 Der heutige Besitzer von Il Convento di Santa Croce berichtet, der Konvent sei im Jahr 1620 errichtet worden und habe während der längsten Zeit Augustiner-Mönchen, also Mönchen mit schwarzer Ordenstracht, als Kloster gedient. 1790 wurde er von Franziskanern übernommen, die dort blieben, bis sie im Jahr 1805 von napoleonischen Truppen vertrieben wurden. Danach sei der Konvent nicht wieder eingerichtet worden.

den haben, wenn sie von den Olivenhainen von Il Convento aus – so wie wir es heute noch können – über die weite Küstenebene blickten und weiter hinaus zur Insel Elba, jener dunstig grauen Form am Horizont hinter einem Streifen blauer See, wenn sie dabei daran dachten, dass Napoleon dort festgehalten wurde. Mit noch größerer Befriedigung könnte es sie erfüllt haben, als er nach seiner Flucht von Elba und der Herrschaft der hundert Tage schließlich auf die Insel St. Helena verbannt wurde, einen viel weniger angenehmen Ort. Vielleicht aber, denn so ist nun einmal die menschliche Natur, beklagten sie auch seinen Sturz und sprachen Gebete zu seinem Wohl, denn schließlich hat er ja seinen Frieden mit der Kirche gemacht und ein Konkordat mit dem Papst unterzeichnet, so wie viele Tyrannen vor ihm und viele Tyrannen nach ihm es ebenfalls taten.

In diesem Zusammenhang, das heißt in Verbindung mit Napoleon, erinnere ich mich daran, dass meine Reise nach Il Convento im letzten Jahr vier Tage in Paris einschloss. Zu den Orten, die ich mit Prasannasiddhi sowie Subhuti und Silabhadra[12] besuchte, die uns bis zur französischen Hauptstadt begleiteten, gehörte das Grabmal Napoleons im Invalidendom. Wie zu erwarten, war es eine große, imposante Anlage von außerordentlich schlechtem Geschmack, die anscheinend nicht nur dem Ruhm Napoleon Bonapartes, sondern der Glorifizierung der militaristischen Gesinnung oder, um es gröber auszudrücken, dem „Kriegsgeiste" geweiht war. In der Krypta mit ihren plumpen klassizistischen Statuen und dem vulgär teuren Marmor umherzuwandern, war so ähnlich wie ein Ausflug in die Welt der *āsuras* oder Gegengötter, oder auch in jene Welt der Aggression, der Konkurrenz und des Streits, die jeder, der die Reise nach Il Convento unternimmt, hinter sich lassen muss. Wie um die Dinge zu verschlimmern, machte ein Laden in der Nähe des Grabmals gute Geschäfte mit napoleonischen Ansichtskarten und Souvenirs aller Art, einschließlich Schwertern, Rüstungen und Modellsoldaten. Nach dem Besuch des Grabmals empfand ich den starken Drang, einen offenen Brief an Präsident François Mitterand zu schreiben und darauf hinzuweisen, wenn er wirklich Sozialist sei und an den Frieden glaube, möge er das Grabmal Napoleons unverzüglich schließen, denn es sei eine Negation all dessen, wofür er stehe.

---

12 *A. d. Ü.:* zwei weitere Ordensangehörige

Ich schrieb den Brief jedoch nicht, denn ich konnte mir kaum vorstellen, dass etwas dem französischen Nationalgefühl so sehr Entgegengesetztes zu ihm durchgelassen werden würde. Gleichwohl bin ich nicht gewillt, die Idee ganz aufzugeben, und werde vielleicht einen Weg finden, sie auszuführen. Das ist aber eine andere Geschichte.

So ist es nicht bedeutungslos, dass die Reise nach Il Convento zu einem ehemaligen christlichen Kloster führt, einem Kloster, dass sich in einem Zustand von Verwahrlosung und Verfall befindet. Was mit ihm geschah, nachdem die Mönche zurückgekehrt waren, falls sie überhaupt zurückkehrten, kann ich nicht sagen. Irgendwann während der letzten zweihundert Jahre wurde der Ort zu einer Glashütte, wie die grünen, durchscheinenden Klumpen bezeugen, die in der Gegend herumliegen, aber ich weiß nicht, wie lange er eine Glashütte war. In jüngerer Vergangenheit wurde er für landwirtschaftliche Zwecke genutzt, bis er in die Hände des gegenwärtigen Besitzers überging, der das Anwesen während der Sommermonate dazu verwendet, in kleinem Rahmen italienische Opern und andere Werke des 17. Jahrhunderts zu produzieren – eine Tatsache, die ebenfalls nicht ohne Bedeutung ist, obwohl ich es euch überlassen möchte, selbst herauszufinden, worin diese Bedeutung liegt. Ungeachtet seiner vielfältigen Verwendungen über die Jahre hinweg befindet sich Il Convento vermutlich weitgehend in jenem Zustand, in dem es von den Truppen Napoleons nach der Vertreibung der Mönchsbrüder zurückgelassen wurde. Von der Kirche stehen nur noch die Grundmauern; das Dach ist abgedeckt, die Fassade auf einen Haufen Schutt reduziert. Zwar ist der Kreuzgang mehr oder weniger unversehrt, doch einige der Backsteinpfeiler sind beschädigt, und es gibt kaum noch eine Spur der Fresken, die einmal die Wände bedeckten. Die Reise nach Il Convento ist somit eine Reise an einen Ort zerbrochener Bilder. Es gibt hier nicht einmal irgendwelche zerbrochenen Bilder im wörtlichen Sinn, obwohl ich bei meiner ersten Reise nach Il Convento, noch ehe jemand sie in einen Schrank geräumt hatte, eine rissige holzgeschnitzte Figur des hl. Antonius von Padua gesehen habe, die dringend einen neuen Anstrich brauchte. Weil die Reise nach Il Convento eine Reise an einen Ort zerbrochener Bilder ist, geschieht die Zufluchtnahme, der einzige Zweck dieser Reise – und das ist der Punkt, um den es mir wirklich geht – inmitten zerbrochener Bilder. Ja, wir werden in den Ruinen der christlichen Gesellschaft und Kultur zu Buddhisten, und obwohl die Bilder jener Kultur uns weiterhin in gewissem Grad anziehen, haben sie in ihrem spezifisch christlichen Sinn keine Bedeutung mehr für uns. Genau deshalb nehmen wir Zuflucht. Das ist der Grund, warum wir in den Ruinen der christlichen Kultur, inmitten zerbrochener Bilder unsere eigenen buddhistischen Bilder aufstellen, die – so hoffen wir – die anderen schließlich ablösen und den ganzen Ort erneuern werden.

Ein letzter Punkt zum Schluss. Ich habe mehr als einmal gesagt, die Reise nach Il Convento sei eine Reise, die uns aus der Welt sinnlichen Begehrens durch die Welt archetypischer Formen an die Schwelle zum Transzendenten führt. Die wahre Reise nach Il Convento ist darum eine Reise, die man nicht nur einmal, sondern viele Male tun muss, und jedes Mal auf einer höheren Stufe. So viel ist vielleicht schon klar geworden. Was aber darüber hinaus klar werden muss, ist, dass man die Reise nach Il Convento machen kann, ohne überhaupt im wörtlichen Sinn nach Il Convento zu fahren. Wir können sie machen, ohne England zu verlassen und ohne Italien zu sehen, denn weil die Reise nach Il Convento eine innere Reise ist, ist sie eine Reise, die wir machen können, wenn wir in unserem eigenen Haus bleiben und in unserer eigenen Stube sitzen. Wie Laotse sagt: „Ohne aus dem Fenster zu blicken, kann man den Weg des Himmels sehen." Das stimmt zwar, aber es ist nicht mehr als die halbe und vielleicht nicht einmal die halbe Wahrheit. Menschen haben nicht nur ein inneres, sondern auch ein äußeres Sein; sie bestehen nicht nur aus Geist, sondern auch aus Rede und Körper. Folglich wird man, sofern man wirklich die Reise nach Il Convento machen will – wenn man wirklich die Welt sinnlichen Begehrens verlassen, die Welt der Bilder oder die imaginative Welt durchqueren und an der Schwelle zum Transzendenten anlangen will –, dies in möglichst vollständiger und umfassender Weise tun. Man wird sich nicht damit begnügen wollen, nur metaphorisch „fortzugehen". Man wird auch buchstäblich „fortgehen" wollen. Insofern wird es eine äußere Reise parallel zur inneren Reise geben, und diese äußere Reise wird nicht zwangsläufig eine Reise von London oder Glasgow nach Il Convento sein. Es kann eine Reise von Bombay nach Bhaja oder von Manchester nach Padmaloka sein. Wo immer sie beginnt und wo immer sie endet, sie wird eine Reise an einen Ort sein, wo man ordiniert werden kann, einen Ort, wo man mit Körper, Rede und Geist zu den Drei Juwelen Zuflucht nehmen kann.

Obwohl man durch seine äußere Reise nicht zwangsläufig nach Il Convento kommt, haben doch diejenigen besonderes Glück, die zum gegenwärtigen Zeitpunkt der Entwicklung unserer Gemeinschaft die Reise nach Il Convento auch wirklich unternehmen können. Darum freue ich mich, dass in diesem Jahr fünfzehn von euch erstmals diese Reise machen konnten, und dies in der Hoffnung, die nun erfüllt werden soll, hier ordiniert zu werden. Ich hoffe, ihr werdet die wirkliche Reise nach Il Convento viele, viele Male unternehmen. Ich hoffe, ihr werdet jedes Mal, wenn ihr die Reise unternehmt, fähig sein, einen entschiedeneren Bruch mit der Welt sinnlichen Begehrens zu machen. Ich hoffe, ihr werdet jedes Mal die Welt der Sinnbilder auf höheren und weiter verfeinerten Stufen erkunden. Vor allem hoffe ich, dass eure Zuflucht, wenn ihr wirklich an der Schwelle zum Transzendenten ankommt, in eine transzendente Zuflucht verwandelt wird. Wenn das geschieht, wird sich der Zweck der gesamten Reise nach Il Convento erfüllt haben.

NOCH EINMAL HEILIGER HIERONYMUS

In meinem Aufsatz *Die Reise nach Il Convento*, den ich euch vor einigen Wochen vortrug, sprach ich davon, dass wir uns zum einen oder anderen Bild beziehungsweise Symbol hingezogen fühlen, oftmals ohne zu verstehen, warum. Zur Veranschaulichung beschrieb ich, wie ich während meiner Italienreise im Jahr 1966 von zwei Bildern angezogen worden war. Eines davon war das Bild des heiligen Hieronymus. Da ich ihn in der Rede ziemlich ausführlich beschrieben und auch versucht habe zu erläutern, warum das Bild des hl. Hieronymus – wie er in seiner Studienklause die Bibel ins Lateinische übersetzt – damals für mich von Bedeutung war, glaubte ich, zumindest für eine gewisse Zeit mit diesem Bild abgeschlossen zu haben und es vergessen zu können. Doch so war es nicht. Schon wenige Tage, nachdem ich meinen Text vorgelesen hatte, bemerkte ich, dass ich ziemlich viel über Hieronymus nachdachte, und je mehr ich nachdachte, desto bedeutungsvoller schien mir das Bild des alten Mannes, der über das Pult in seiner Zelle, Klause oder Höhle gebeugt war. Es war, als hätte das Bild eines Archetyps, wenn er erst einmal aktiviert ist, ein eigenes Leben. Ob man will oder nicht, drängt er sich gleichsam der Aufmerksamkeit auf und besteht darauf, das Gespräch fortzusetzen, das man schon für abgeschlossen gehalten hat. So entschied ich, es sei wohl am besten, einen weiteren, ausschließlich dem Bild des Hieronymus gewidmeten Aufsatz zu schreiben in der Hoffnung, bis auf Weiteres mit dem Bild abzuschließen, sobald ich ihn niedergeschrieben und vielleicht vorgetragen hätte.

Zunächst erwog ich, den Aufsatz nach meiner Rückkehr nach Padmaloka[13] zu schreiben, wenn ich mich wieder gemütlich in meinem eigenen Studierzimmer eingerichtet hätte. In Padmaloka würde ich all meine Bücher haben und könnte allen möglichen Verweisen auf den hl. Hieronymus ebenso nachgehen wie den verschiedenen Bildern und Symbolen, mit denen die Gestalt des Heiligen traditionell verbunden ist. Schließlich entschloss ich mich aber, den Aufsatz hier in Il Convento zu schreiben, und zwar teilweise, weil das Bild des Heiligen sich schlicht weigerte, mich in Frieden zu lassen, aber auch, weil ich dachte, es könnte durchaus von Vorteil sein, nicht irgendwelchen Bezügen nachgehen zu können. Denn so müsste ich mich ganz auf meine

---

13   Retreatzentrum in Ostengland, wo Sangharakshita damals lebte

Erinnerung und Vorstellungskraft stützen, und das würde bedeuten, dass meine Vorstellungskraft eine aktivere Rolle beim Schreiben übernehmen könnte, als es sonst möglich wäre. Zugegeben, ich könnte Fehler machen, etwa was historische Fakten betrifft, doch das wäre nicht wirklich wichtig. In *Die Reise nach Il Convento* gibt es einen oder zwei Fehler. Nachdem ich den Aufsatz geschrieben hatte, wurde mir klar, dass ich, obwohl ich in meiner Kurzgeschichte geschrieben habe, die Gestalt von Gottvater sei aus dem Fresko des Jüngsten Gerichts herausgetreten, tatsächlich gar kein solches Fresko gesehen hatte. In all den Fresken des Jüngsten Gerichts, die ich gesehen hatte, war nicht Gottvater der Richter, sondern Jesus Christus, ganz im Einklang mit den Worten des Glaubensbekenntnisses: „Von dannen er (das heißt Jesus) kommen wird zu richten die Lebendigen und die Toten." Und ähnlich fragte einer von euch, nachdem ich den Aufsatz vorgelesen hatte, ob Il Convento di Santa Croce ursprünglich von Franziskaner-Brüdern oder Augustiner-Chorherren bewohnt war; er hatte nämlich auf der Rückseite eines Opernprogramms des heutigen Il Convento einen Hinweis auf Augustiner-Chorherren gesehen. Ob nun Gottvater oder Jesus Christus vom Fresko herabstieg und ob Il Convento ursprünglich von Franziskanern oder Augustinern bewohnt war, das beeinträchtigt nicht die Gültigkeit der Punkte, die ich hatte verdeutlichen wollen, sodass die „Fehler" bedeutungslos sind, soweit es um den Aufsatz geht. Sie könnten allerdings eine eigene, psychologische oder sogar spirituelle Bedeutung haben, doch das ist eine Frage, auf die ich hier nicht eingehen möchte. Lasst uns stattdessen, da sich die Hoffnung derjenigen von euch, die zur Ordination nach Il Convento gereist sind, erfüllt hat, zurückkommen zu einem Teil dessen, was wir schon behandelt haben, und es genauer untersuchen. Besuchen wir erneut den hl. Hieronymus!

Wie ich beim letzten Mal erwähnte, wird Hieronymus gewöhnlich entweder in der Wüste oder in seiner Zelle dargestellt – dann nämlich, wenn er sozusagen als eigenständige Person und nicht bloß als einer von vielen Heiligen in einem Altarbild oder einer Predella gezeigt wird. Auch wir werden ihn in seiner Zelle oder Studienklause besuchen. Bevor wir das tun, sollten wir allerdings kurz den hl. Hieronymus in der Wüste aufsuchen. Als sei die überlieferte Ikonographie nicht ganz festgelegt und als hätten die Künstler wenigstens in mancher Hinsicht mehr Freiheit gehabt, so weisen Gemälde des Hieronymus in der Wüste eine viel größere Vielfalt auf als Gemälde des Heiligen in seiner Studienklause. Manchmal zeigen sie – und werden auch so genannt – nicht den hl. Hieronymus in der Wüste, sondern den hl. Hieronymus bei Bußübungen. Sie alle aber stellen Hieronymus in einer Landschaft dar, und das ist auch die beste und genaueste Weise, sie zu beschreiben. Weil diese Landschaft natürlich jene des Heiligen Landes war, wohin sich der hl. Hieronymus aus Rom zurückgezogen hatte, hätte das, was die italienischen Renaissancekünstler darstellen sollen, vermutlich so ähnlich ausgesehen wie die von Holman Hunt in *Der Sündenbock* gemalte Landschaft: eine trostlose Weite salzigen Marschlandes mit dem flaschengrünen Streifen des Toten Meeres. In der Ferne und einigen seltsam glühenden Gebirgsausläufern in Rosa und Blasslila dahinter.[14] Um diese Landschaft zu malen, musste der präraffelitische Künstler ins Heilige Land reisen, doch die Künstler der italienischen Renaissance machten keine solche Reisen und dachten auch gar nicht daran. Sie malten einfach, was ihnen als Landschaft gerade zur Verfügung stand. Das Ergebnis davon ist, dass man den hl. Hieronymus meist nicht in der Wüste oder in etwas sieht, das die Bibel „Wildnis" nennt, sondern inmitten einer außerordentlich schönen, typisch toskanischen oder umbrischen Landschaft mit üppiger, mediterraner Vegetation und einer Fülle malerischer Felsen. Selbstredend ist die Landschaft nicht bebaut, sondern natürlich, aber das ist nicht die Natur der Wüste, sondern eher die des Paradieses vor dem Sündenfall. Manchmal wird der Heilige tatsächlich bei Bußübungen gezeigt. Dann ist er mit einer Art Lendenschurz bekleidet, der oft zerfleddert ist, und er kniet vor einem groben Kruzifix oder umfasst es. Manchmal sitzt er auch, den Kopf auf eine Hand gestützt, auf einem Felsen, als würde er tief meditieren. In der Regel kann man auch seinen treuen Löwen irgendwo im Bild sehen, meist fest schlafend, doch in manchen eher naiven Darstellungen der Szene scheint er die Übungen des Heiligen mitzumachen.

In einer ganzen Reihe der von mir „hl. Hieronymus in einer Landschaft" genannten Gemälde ist die Gestalt des Heiligen im Vergleich zum übrigen

---

14 *A. d. Ü.:* William Holman Hunt (1827-1910), englischer Maler und Mitbegründer der Künstlergruppe „Präraffaeliten"

Bild bemerkenswert klein. In einigen dieser Fälle brauchte ich tatsächlich ein oder zwei Minuten, bis ich die Gestalt des Hieronymus entdeckte, die im Verhältnis zur umgebenden Landschaft nicht nur winzig, sondern unbedeutend erschien. Was die Künstler tatsächlich gemalt hatten, war nicht der hl. Hieronymus in der Wüste oder bei der Buße oder auch nur Hieronymus in einer Landschaft, sondern einfach der Mensch in der Natur. Mir erschien die Natur in ihrem Reichtum, Überfluss und ihrer Schönheit auf diesen Gemälden gelassen gleichgültig zu sein gegenüber der existenziellen Qual des Menschen – einer Qual, die zu begreifen sie unfähig ist. Mensch und Natur waren einander fremd. Der Mensch lebte zwar mitten *in* ihr, gehörte nicht *zu* ihr. Sofern sie in der Lage wäre ihn zu kennen, würde sie ihn lediglich als physischen Körper ansehen, und als physischer Körper war er unendlich viel kleiner als sie und unendlich weniger mächtig. Was diese Darstellungen des Menschen inmitten der Natur offenbar sagten, war, dass der Mensch von außen betrachtet oder bloß als materielles Ding unter materiellen Dingen gesehen eine ganz unbedeutende Kreatur ist. Um seine Erhabenheit wertzuschätzen oder das, was ein italienischer Renaissancephilosoph „die Würde des Menschen" nennt, muss man ihn aus dem Inneren heraus als spirituelles Wesen unter anderen spirituellen Wesen betrachten oder wenigstens inmitten von spirituell bedeutsamen Objekten. Mit anderen Worten, man muss sich vom hl. Hieronymus in der Wüste hinwenden zum hl. Hieronymus in seiner Studienklause.

Das Studierzimmer oder die Zelle des hl. Hieronymus wird natürlich oft als eine Höhle gemalt. Auf Bildern von Hieronymus in der Wüste oder bei Bußübungen sieht man den Eingang der Höhle je nach Größe des Gemäldes manchmal nahe im Vordergrund, manchmal auch weiter oben am Berghang. Diese Höhle schafft eine Art Verbindung zwischen den zwei verschiedenen Darstellungen des Heiligen, die man auch als zwei verschiedene Bilder des hl. Hieronymus bezeichnen könnte, nämlich Hieronymus in der Wüste oder Buße leistend und Hieronymus in seiner Studienklause bei der Bibelübersetzung. Ich sagte eben, um die Besonderheit des Menschen zu würdigen, sei es nötig, ihn aus dem Inneren heraus oder von innen als spirituelles Wesen unter anderen spirituellen Wesen zu sehen. Es ist aber nur der Mensch selbst, der den Menschen so sehen kann. Die Natur kann das nicht. Sie kann ihn, falls sie ihn überhaupt sieht, nur von außen betrachten: Sie sieht ihn nur als physischen Körper. Um sich selbst als spirituelles Wesen zu sehen, muss der Mensch aufhören, sich wie die Natur nur als physischen Körper zu sehen, und *in die Höhle des Herzens eintreten.* Anfangs wird ihm das Herz als ein Objekt und sogar als physisches Objekt oder körperliches Organ erscheinen. Deshalb kann man auf Gemälden des hl. Hieronymus die Höhle zwar sehen, aber nur von außen, denn dort ist sie Teil der Natur, Teil des materiellen Universums. Wenn der Mensch in die Höhle eintritt, wie es die Gestalt des Hieronymus in der Landschaft darstellt, ist die Höhle nicht mehr Objekt, sondern Subjekt. Der Mensch hat sich sozusagen selbst von innen nach außen gekehrt. Der hl. Hieronymus ist nicht mehr in der Wüste. Er ist in seiner Studienklause, und wir sind dort mit ihm.

Das erste, was wir in der Studienklause bemerken, ist, dass sie ganz leer ist, wenn man von ein paar spirituell bedeutsamen Gegenständen wie einem roten Hut, einer Sanduhr und einem menschlichen Schädel absieht. (Hier spreche ich davon, was man als die „typische" Darstellung der Klause des hl. Hieronymus in der italienischen Renaissancekunst bezeichnen kann.) Insbesondere enthält sie – mit einer wichtigen Ausnahme, auf die ich gleich zu sprechen komme – keinen natürlichen Gegenstand. Es gibt beispielsweise keine Blumenvasen und keine Speisen – nicht einmal Brotrinde oder einen Weinkrug. Außerdem gibt es keine Fenster und darum auch keine Aussicht, sodass der hl. Hieronymus nicht in die Wüste ringsum hinausschauen kann, wenn er von seiner Übersetzungsarbeit müde ist und die griechischen und hebräischen Buchstaben vor seinen Augen zu tanzen beginnen. In der Höhle des Herzens kann der Mensch die Natur nicht sehen, und die Natur kann den Menschen nicht sehen. Natürlich muss es eine Tür geben, aber sie ist offenbar nicht geöffnet, denn es fallen keine Sonnenstrahlen in die Höhle, die von einem geheimnisvollen eigentümlichen Glühen erfüllt wird. (Manchmal wird der hl. Hieronymus dargestellt, wie er beim Licht einer Kerze arbeitet.) Was uns die typische Darstellung von Hieronymus in seiner Klause wirklich gibt, ist ein Querschnitt einer inneren Welt. In dieser inneren Welt ist der Mensch nicht bedeutungslos, wie er es ist, wenn man ihn von außen, als Teil des materiellen Universums betrachtet. Deshalb steht die Gestalt des Heiligen auf Gemälden, die ihn in seiner Klause zeigen, außerordentlich groß da. Tatsächlich füllt sie manchmal praktisch das gesamte Bild. Wenn es im Fall des hl. Hieronymus in einer Landschaft oder in der Natur kaum Raum für die Gestalt des Heiligen gibt, so gibt es im Fall des Hieronymus in seiner Studienklause kaum Raum für die Natur.

Wie ich schon sagte, enthält die Studienklause oder Zelle mit einer Ausnahme keinen natürlichen Gegenstand, das heißt, kein lebendiges Naturding, denn vermutlich ist sein Pult aus Holz gefertigt, das einst Teil eines Baumes war, und die Seiten der von ihm übersetzten Bibel sind aus Pergament, was vorher Teil eines Schafes war. Man könnte sogar sagen, die Klause des hl. Hieronymus enthielte nichts als den hl. Hieronymus selbst, denn jedes einzelne Ding, das ich als spirituell bedeutsam bezeichnet hatte, ist in gewissem Sinn eine Erweiterung der Persönlichkeit des Heiligen – so wie es auch für das einzige natürliche Ding gilt, das sich in der Klause befindet.

Dieses Naturding ist der Löwe. Er ist immer bei Hieronymus in seiner Zelle oder Studienklause, so wie er auch fast immer in der Wüste oder während seiner Bußübungen bei ihm ist. Wie die Höhle, so bildet auch er eine Art Verbindung zwischen der Wüste und der Studienklause, der objektiven und der subjektiven Welt, Materie und Geist. Ich kann mich nicht erinnern, je gelesen zu haben, wie es dazu kam, dass der hl. Hieronymus mit dem Löwen oder der Löwe mit Hieronymus in Verbindung gebracht wurde. Irgendwo in einer dunklen Ecke des legendären Heiligenlebens wird sich höchstwahrscheinlich eine Episode nach Art der bekannten Geschichte von Androklus und dem Löwen finden – eine Begebenheit, die vielleicht beschreibt, wie Hieronymus einen Dorn aus der Löwenpranke entfernt und der Löwe von nun an aus Dankbarkeit bei ihm als Begleiter bleibt. Selbst wenn es ein solches Ereignis gibt, haben die Künstler der italienischen Renaissance es anscheinend nirgends dargestellt. Sie glaubten wohl, die Anwesenheit des Löwen im Gemälde – ob in der Wüste oder in der Klause – nicht erklären zu müssen. Er war einfach da, und zwar nicht aus biographischen, sondern aus psychologischen und spirituellen Gründen, die ganz offensichtlich waren für jeden, in dem das Vorstellungsvermögen wach war und der die Bild- und Symbolsprache verstehen konnte. Übersetzt man ihn aus der Sprache der Bilder und

Symbole in die Sprache der Begriffe, kann man die Bedeutung des Löwen unschwer erkennen. Der Löwe ist der König der Tiere. Vom Menschen abgesehen, der in Wirklichkeit zu einer anderen Existenzform gehört, ist der Löwe das Höchste aller Naturdinge. So wie das Pflanzenreich höher ist als das Reich der Mineralien, so ist das Tierreich höher als das Pflanzenreich, und im Tierreich ist der Löwe der Höchste. Im Löwen sammeln sich somit alle Energien und Kräfte der natürlichen Welt und finden ihre höchste und vollkommenste Verkörperung. Somit ist der Löwe die Natur schlechthin, was tatsächlich bedeutet, dass der Löwe weniger die Natur selbst repräsentiert als vielmehr die Natur, wie sie im Menschen existiert. Der Löwe begleitet den hl. Hieronymus, weil er Teil des hl. Hieronymus ist. Er ist sozusagen die niedere Natur des hl. Hieronymus. Er ist die niedere Evolution, wie sie die höhere Evolution in sich aufgenommen oder einverleibt hat. Somit bleibt der Löwe nicht nur bei Hieronymus in der Wüste als ein Naturding unter anderen Naturdingen, sondern er folgt ihm auch in die Höhle – die Höhle des Herzens –, wo er ein Naturding unter spirituellen Dingen oder eher ein Naturding unter Dingen mit spiritueller Bedeutung ist, und wo er bei ihm bleibt.

In Gemälden des hl. Hieronymus in der Wüste ist die Gestalt des Löwen oft so winzig und unbedeutend wie die des Heiligen selbst. Tatsächlich verschwindet er manchmal völlig, so als hätte er sich in der Landschaft aufgelöst. Da er die Natur darstellt - wenngleich die schlechthin - ist es kaum erforderlich, ihn als eigenständiges Wesen auftreten zu lassen. In Gemälden des hl. Hieronymus in seiner Klause hingegen ist die Gestalt des Löwen fast so auffällig und groß wie die des Heiligen. Wie er in der mittelalterlichen italienischen Kunst gemalt wird, sieht er oft eher wie ein großer gelber Hund aus als wie ein Löwe, doch in den Bildern italienischer Renaissancemaler, die ihn auch lebendig studieren und skizzieren konnten (italienische Fürsten der Zeit hielten gerne Löwen in ihren Menagerien), tritt er in Gestalt und Aussehen wirklich als König der Tiere auf. Gewöhnlich liegt er zusammengerollt nahe bei Hieronymus. Wenn die Gestalt des Heiligen das gesamte Bild auszufüllen droht, ist eine derartige Nähe schon praktisch nötig, und die Künstler mussten zu trickreichen perspektivischen Verkürzungen greifen, um Platz für beide zu finden. Manchmal liegt der Löwe unter dem Pult des hl. Hieronymus ausgestreckt, sodass dieser ihn als eine Art Fußwärmer benutzen kann. Manchmal sind seine Augen weit geöffnet und er sieht den Betrachter mit ruhigem, gelassenem Blick an, doch häufiger sind sie im Schlaf geschlossen. Wie auch immer abgebildet, ob eher als großer gelber Hund oder wie ein echter Löwe, zusammengerollt oder ausgestreckt, wach oder schlafend: Der Löwe des hl. Hieronymus steht nicht nur für die Natur als Teil des Menschen, sondern auch für die Natur als einen Teil des gezähmten Menschen. Weil er gezähmt wurde, stört der Löwe Hieronymus nicht bei seinem Übersetzungswerk, und wie wichtig es ist, dass der Heilige nicht gestört wird, werden wir würdigen können, wenn wir das wahre Wesen dieses Werkes besser verstehen.

Allerdings haben wir noch längst nicht mit dem Löwen abgeschlossen oder die Bedeutung seiner Verbindung mit Hieronymus ausgeleuchtet. Als ich, nachdem ich euch den ersten Aufsatz vorgelesen habe, erneut über Hieronymus nachzudenken begann, schenkte ich dem Löwen keine besondere Aufmerksamkeit. Nachdem ich mich aber entschieden habe, das Thema mit euch gemeinsam aufzunehmen, bemerkte ich, dass ich fast ebenso viel über den Löwen wie über Hieronymus nachgedacht hatte. Und das war nicht alles. Als ich über Hieronymus und den Löwen nachdachte, kamen mir Beispiele anderer enger Verbindungen zwischen Menschen und Löwen in den Sinn, und auch deren Bilder verlangten nach Aufmerksamkeit. Diese Beispiele entstammen sowohl der jüdisch-christlichen Tradition als auch den klassischen Traditionen, und sie schlossen Bilder antiker Mythen und Legenden ein, die mir aus Kunst und Literatur nicht weniger vertraut und mit kaum geringerer Bedeutung erfüllt waren als das Bild des hl. Hieronymus. Zunächst einmal gab es da Bilder von Simson, wie er den Löwen zerreißt, und von Daniel in der Löwengrube. Beides sind Bilder aus dem Alten Testament, und ich war ihnen erstmals im Alter von vier oder fünf Jahren begegnet, vielleicht auch früher, als ich mir meinen Weg durch Urgroßmutters Bibel hindurchbuchstabierte. Das war ein mächtiger, in Leder gebundener Band mit riesigen vergoldeten Schnallen, den mein Vater von seiner Großmutter mütterlicherseits geerbt hatte. Auf den ersten Seiten enthielt er Namen und Daten von Geburt (und manchmal auch Tod) der Kinder und Enkel der Urgroßeltern, denen mein Vater, so glaube ich, auch die Namen und Geburtsdaten von mir und meiner

Schwester hinzugefügt hatte. Er enthielt auch zahlreiche ganzseitige Illustrationen in den leuchtendsten Farben, die man sich vorstellen konnte. Abgesehen von Moses, der die Gesetzestafeln zerbricht, erinnere ich mich am deutlichsten an jene von Simson, wie er den Löwen zerreißt, und von Daniel in der Löwengrube. Auf dem ersten Bild rang ein hellrosafarbener Simson vor einem smaragdgrünen Hintergrund mit einem leuchtend gelben Löwen. Auf dem zweiten kniete ein dunkelblau gewandter Daniel im Gebet, und blassgelbes Licht strömte vom offenen Himmel auf sein Haupt herunter. Um ihn herum lagen Menschenschädel und Knochen verstreut (ganz besonders erinnere ich mich an ein Gerippe), während ein gewaltiger grauer Löwe aus dem Schatten heraus auf ihn blickte. Aus der klassischen Überlieferung kamen die Bilder von Herkules (Herakles) und dem nemeischen Löwen. Diesen gewaltigen Löwen zu erwürgen, war die erste der berühmten zwölf Arbeiten des Herkules. Nachdem der Held ihn getötet hatte, trug er sein Fell als eine Art Mantel, wobei der Kopf eine rohe Kapuze bildete und die Pranken wie leere Ärmel vorne herabhingen.

In allen drei Bildern – Simson, der den Löwen zerreißt, Daniel in der Löwengrube und Herkules mit dem nemeischen Löwen – gibt es eine Verbindung zwischen einem Mann und einem Löwen, und in jedem Fall zähmt oder unterwirft der Mann den Löwen. Simson zerreißt den Rachen des Löwen, Daniel macht den Löwen kraft seines Gottvertrauens machtlos, und Herkules erwürgt den Löwen. Damit gibt es in jedem Fall eine nahe Parallele zur Verbindung zwischen Hieronymus und dem Löwen. Zugleich gibt es Unterschiede. In Simsons Fall wird der Löwe vernichtet. Daniel gelingt es, ihn in Schach zu halten. Herkules tötet ihn und kleidet sich in sein Fell. Insofern könnte man sagen, die drei Helden stehen für drei unterschiedliche Haltungen, die ein Mensch seiner eigenen niederen Natur gegenüber einnehmen kann. Man kann sie zerstören, das heißt vollständig verdrängen; man kann sie in sicherem Abstand halten, das heißt durch religiöse und andere Mittel unterdrücken; man kann sie zähmen und zu einem Gefährten machen, das heißt sie in die eigene, höhere Natur integrieren. Die dritte Möglichkeit wird sowohl vom hl. Hieronymus und dem Löwen repräsentiert als auch von Herkules, der, nachdem er den nemeischen Löwen erwürgt hat, dessen Fell auf seinen

Schultern trägt. In allen vier Fällen aber wird der Löwe unterworfen. Die niedere Natur des Menschen darf ihn nicht stören, wenn er seinen unverwechselbar menschlichen Tätigkeiten nachgeht.

Nachdem die Bilder von Löwen und von Menschen mit Löwen erst einmal begonnen hatten, sich dermaßen meiner Aufmerksamkeit aufzudrängen, schien es unmöglich, sie aufzuhalten. Weil wir aber die Bedeutung verschiedener anderer Dinge in der Studienklause des hl. Hieronymus noch nicht betrachtet, gehen wir hier nur kurz auf wenige dieser Bilder ein. Einige davon mögen euch schon vertraut sein, obwohl ihr ihnen vielleicht nicht die Art von Bedeutung zugemessen habt, um die es hier geht. Diese eindringlicheren Bilder kommen von noch weiter her als die Bilder der Männer und Löwen, denen wir schon begegnet sind. Sie kommen nicht aus der jüdisch-christlichen und der klassischen Überlieferung, sondern ursprünglich aus dem Schatzhaus der indisch-buddhistischen Kultur. Ein erstes solches Bild ist das Bild des lehrenden Buddha und der zwei, manchmal auch vier Löwen, die seinen Thron stützen.[15] Natürlich gibt es Gründe, die mit dem Leben und der Lehre des Buddha zusammenhängen, weshalb der Thron des lehrenden Buddha von Löwen getragen wird. Doch jetzt will ich die Aufmerksamkeit nur auf die Verbindung zwischen dem erleuchteten Menschen und dem Löwen ziehen und darauf hinweisen, dass sie, auf ihrer eigenen, viel höheren Stufe, dieselbe allgemeine Bedeutung hat wie die Verbindung zwischen dem hl. Hieronymus und dem Löwen oder auch zwischen den Helden des Alten Testament und der klassischen Sagen und ihren jeweiligen Löwen. Vom Buddha und seinen Löwen ist es nur ein kleiner Schritt zu Mañjuśrī, dem Bodhisattva der Weisheit, und dessen Löwen. Löwen tragen Mañjuśrīs Thron in genau derselben Weise wie den Thron des lehrenden Buddha. Die bekannteste und typischste Darstellung der Verbindung von Mañjuśrī mit dem Löwen zeigt den großen Bodhisattva auf einem Löwen reitend. Anscheinend waren solche Darstellungen im buddhistischen China besonders häufig, wo Mañjuśrī auch Monju-shi-li genannt wurde und die Mandschu- oder Qing-Dynastie – die letzte der chi-

---

15 Im Mandala der fünf Buddhas werden den verschiedenen Buddhas unterschiedliche Throntiere zugeordnet: dem Buddha mit der Geste der Erdberührung Elefanten, dem meditierenden Buddha Pfauen und so weiter.

nesischen Dynastien – angeblich ihren Namen von ihm bezog. Allerdings gab es in China entweder keine Löwen, oder chinesische Künstler legten keinen Wert darauf, sie naturgetreu zu malen, denn das Tier, auf dem Mañjuśrī in der chinesischen buddhistischen Kunst reitet, sieht einem kolossalen Hund viel ähnlicher als einem Löwen. Tatsächlich gelang es den Chinesen während der Mandschu-Dynastie, einen Hund zu züchten, der wie ein Löwe aussah. Das war der berühmte „Löwenhund", den man im Westen in Anlehnung an seinen Herkunftsort als Pekinesen kennt. Diese Hunde waren halb heilig und durften nur vom Kaiser gehalten werden, den man als Ausstrahlung von Mañjuśrī ansieht, so wie der Dalai Lama als Ausstrahlung von Avalokiteśvara gesehen wurde. Aus den Fellen gestorbener Löwenhunde fertigte man Stuhlbezüge für die kaiserlichen Gemächer an. Ich erinnere mich an die Erzählung meines Vaters, dass sein Stiefvater, der bei der Plünderung des Sommerpalastes dabei war, mehrere solcher Stuhlbezüge als Souvenir nach England mitgebracht hatte. Schon zwei oder drei Jahrzehnte vorher konnte man aber das erste Paar Löwenhunde im Westen bewundern; ich glaube, sie waren ein Geschenk der berühmten Kaiserinwitwe Cixi an Königin Victoria.

Ich hatte eigentlich vor, diese Bilder von Löwen und von Menschen mit Löwen als letzte in diesem Aufsatz zu behandeln.. Doch während des Schreibens drängte sich ein weiteres Bild aus einer ganz anderen Kultur in mein Bewusstsein und bestand darauf, hier einen Platz zu finden. Weil es aber höchste Zeit ist, dass wir zur Studienklause des hl. Hieronymus zurückkommen und uns um die Bedeutung des roten, an der Wand hängenden Hutes kümmern, werde ich dieses letzte Beispiel einer engen Verbindung von Mensch und Löwe nur kurz erwähnen. Das fragliche Bild kommt nicht aus so weiter Ferne wie die Bilder der indischen und chinesischen buddhistischen Kultur, es kommt aber aus einer Kultur, deren Geist uns vielleicht noch fremder ist. Es ist ein Bild, das zu den Mythen und Legenden des altassyrischen Reiches gehört, wie sie in den Flachreliefs dargestellt sind, die im Britischen Museum und anderswo aufbewahrt werden. Das Bild ist das eines kräftig gebauten Mannes, entweder eines Helden oder eines Königs, der mit breit ausgestreckten Armen so dasteht, dass sein Körper ein lateinisches Kreuz bildet. In jeder Hand hält er einen Löwen so an den Hinterläufen, dass dieser kopfüber herabhängt und seine Schnurrhaare fast den Boden berühren. Erneut sind Mensch und Löwe eng miteinander verbunden, und wieder hat der Mensch den Löwen gebändigt.

Der rote Hut an der Wand der Studienklause des hl. Hieronymus ist ein Kardinalshut, das heißt ein runder, roter Hut mit breiter Krempe, von der an beiden Seiten rote Quasten herabhängen. In mehr als einem Gemälde des hl. Hieronymus in der Klause bringt er einen lebendigen Farbfleck in eine ansonsten düstere Szene, indem er mit strahlendem Rubinglanz aus der Finsternis hervorsticht. Wie ich im vorigen Aufsatz bemerkte, hielt man Hieronymus aufgrund seiner Verbindung zum regierenden Papst traditionell für einen Kardinal. Wenn er gemeinsam mit anderen Heiligen auf Altarbildern und Predellas abgebildet ist, trägt er nicht nur seinen roten Kardinalshut, sondern auch einen roten Talar, sodass er damit und mit seinem langen weißen oder grauen Bart und dem dicken, reich verzierten Band, den er mit einem Arm hält, eine farbenfrohe, malerische Gestalt abgibt. In seiner Klause hat Hieronymus indes Hut und Talar abgelegt. Während der Talar nirgends zu sehen ist, hängt der rote Hut dort an der Wand, wo die Wärme seiner Farbe mit den warmen rötlich-gelbbraunen Tönen des zu seinen Füßen schlafenden Löwen harmoniert, als solle damit eine Art von Verbindung zwischen den beiden angedeutet werden. Und tatsächlich gibt es eine Verbindung. So wie der Löwe die Natur oder die natürliche Ordnung verkörpert, so steht der rote Kardinalshut für die menschliche Gesellschaft, die soziale Ordnung. Diese Sozialordnung ist dem hl. Hieronymus nicht in derselben Weise in seine Zelle, seine Studienklause oder Höhle gefolgt, wie der Löwe ihm dorthin gefolgt ist. Denn anders als der Löwe ist sie nicht wirklich Teil des hl. Hieronymus, und er kann sich von ihr auf eine Weise lösen, wie er sich vom Löwen nicht lösen könnte. Doch obwohl der Heilige sich selbst aus der Gesellschaftsordnung gelöst hat – obwohl er Rom verlassen hat und nach Bethlehem, in die Wüste, gegangen ist – ist die gesellschaftliche Ordnung genau genommen zwar nicht Teil von ihm, aber durchaus in ihm gegenwärtig. Sie ist in ihm gegenwärtig als seine Fähigkeit, innerhalb der Gesellschaftsordnung zu wirken – eine Fähigkeit, die er weiterhin besitzt, auch wenn er sie nicht tatsächlich ausübt. Sie ist sein soziales Ich oder sogar sein Gruppen-Ich. Der rote Hut repräsentiert weniger die menschliche Gesellschaft oder die Sozialordnung, wie sie besteht, als vielmehr sein soziales Selbst. Bis auf Weiteres hängt er an der Wand. Hieronymus hängte ihn dorthin, als er in seine Studienklause oder Zelle oder Höhle kam, und er kann ihn wieder aufsetzen, wann immer er sich dazu entschließt, seine Klause zu verlassen und in der Welt erneut seinen rechtmäßigen Platz einzunehmen.

Ursprünglich war ein Kardinal der Priester einer Gemeinde in Rom, der nicht nur die eigene Kirche leitete, sondern auch den Bischof von Rom, das heißt den Papst, in der Verwaltung seines Bistums unterstützte.[16] Später, als der Papst zum Herrscher der gesamten westlichen Kirche geworden war, halfen die Kardinäle ihm bei der Verwaltung seines riesigen Kirchenreichs. Obwohl sie nun nicht länger eine Kirchengemeinde leiteten, wurde jeder Kardinal bei seiner Ernennung einer Kirchengemeinde zugeordnet, eine Gewohnheit, die meines Wissens noch heute gepflegt wird. Somit waren die Kardinäle „Kirchenfürsten". Mit wenigen Ausnahmen pflegten sie einen üppigen Lebensstil, wohnten in prunkvollen Palästen, verfügten über großen persönlichen Reichtum und übten enormen politischen Einfluss aus. Vor allem waren sie es, die den Papst wählten, und für gewöhnlich wählten sie ihn aus ihren eigenen Reihen. Zu der Zeit, als die Künstler der italienischen Renaissance Hieronymus in seiner Klause darstellten, waren Kardinäle wahrlich wichtige Personen. Es war das letztendliche Ziel eines jeden ehrgeizigen Kirchenmannes, vom Papst einen roten Hut zu bekommen. Die Künstler der italienischen Renaissance verstanden das alles genau, und manchmal scheint der rote Hut an der Wand der Klause des hl. Hieronymus mit einer unheilvoll gespenstischen Pracht zu leuchten. Theoretisch symbolisierte das Scharlachrot von Hut und Talar eines Kardinals seine Bereitschaft, das eigene Blut im Dienst der Kirche zu vergießen, doch allzu oft symbolisierte es das Blut, das er hatte vergießen müssen, um Kardinal zu werden - ganz zu schweigen von all dem Blut, das die Kirche bei der Verfolgung ihrer Interessen und zur Festigung ihrer Macht vergossen hatte. Sieht man ihn im Licht dieser Entwicklungen, dann repräsentiert der rote Hut an der Wand der Studienklause des hl. Hieronymus nicht nur die menschliche Gesellschaft und soziale Ordnung und auch nicht nur das soziale Ich des hl. Hieronymus. Er steht für den weltlichen Ehrgeiz, des-

---

16 Zu jener Zeit waren die Titel Papst und Kardinal natürlich noch unbekannt.

sen Verwirklichung die Gesellschaftsordnung ermöglicht. Wenn sich Hieronymus in die Höhle zurückzieht, wenn er sich der Bibelübersetzung widmet, der Aufgabe, das in der Tiefe Verborgene nach oben, also aus der Dunkelheit ans Licht zu heben, dann löst er sich nicht nur aus der Gesellschaftsordnung und setzt sein soziales Ich zeitweise außer Kraft. Er entsagt auch allem weltlichen Ehrgeiz, ganz besonders einem Ehrgeiz, der sich in den Mantel der Religion kleidet und vorgibt, sich selbst für andere zu opfern, während man in Wahrheit andere für sich opfert. Er verzichtet auf alle Gedanken, Böses zu tun, damit das Gute daraus werde sowie den Versuch, spirituelle Ziele mit weltlichen oder nichtspirituellen Mitteln zu erreichen. (Das Bild des hl. Hieronymus, wie ich es sehe, entspricht nicht unbedingt in allen Punkten dem historischen Hieronymus.) Mit anderen Worten repräsentiert der rote Hut an der Wand der Klause des hl. Hieronymus die Tatsache, dass sich der Mensch wenigstens vorübergehend aus der Gesellschaftsordnung und ihren Versuchungen löst, nachdem er seine niedere Natur unterworfen hat, sodass sie ihn nicht beim Nachgehen seiner unverwechselbar menschlichen Aktivitäten stört. Er tut dies, um jenen Aktivitäten in immer höherer und verfeinerter Weise nachzugehen.

Nun kommen wir zur Sanduhr und zum menschlichen Schädel. Für gewöhnlich befinden sie sich auf einem kleinen Bord an derselben Wand wie der Hut, doch manchmal steht das eine oder andere oder auch beide auf dem Pult des hl. Hieronymus, das kein moderner Schreibtisch mit ebener Platte ist, sondern eine Art Lese- oder Stehpult. Laut Lexikon ist eine Sanduhr ein Gerät mit zwei transparenten, durch einen engen Kanal verbundenen Kammern mit einer gewissen Menge feinen Sandes, der eine bestimmte Zeitdauer benötigt, um von der oberen Kammer in die untere zu fließen. Ist die obere entleert und die untere voll, dann dreht man die Sanduhr um, und der ganze Vorgang wiederholt sich. Die Bedeutung einer solchen Sanduhr liegt auf der Hand. Sie steht für die Zeit, so wie der Schädel für den Tod steht. Der hl. Hieronymus übersetzt die Bibel, ein sehr dickes Buch. Hieronymus ist ein sehr alter Mann, der keine Zeit mehr zu verlieren hat, wenn er das Werk vor seinem Tod abschließen will. Vielleicht hat er sich vorgenommen, während der Zeit, bis der Sand einmal durchgelaufen war, eine bestimmte Anzahl griechischer oder hebräischer Zeilen zu übersetzen. Wie dem auch sei, als ich begann über das Bild der Sanduhr nachzudenken, wie es da auf einem Bord in der Klause steht, merkte ich, dass sich mir weit weniger Bilder von Zeitmessern aus anderen Kulturen aufdrängten, als dies mit Bildern des Löwen geschehen war. Die einzigen Bilder, die mir einfielen, waren die halbmenschliche Sanduhr in einem der Höllenbilder von Hieronymus Bosch und die undeutliche, düstere Gestalt von Gevatter Tod – vollständig mit Sanduhr und Sense – in verschiedenen allegorischen Gemälden von Künstlern, an deren Namen ich mich nicht mehr erinnern kann. Diese relative Armut an Bildern könnte darin begründet sein, dass die Sanduhr in jüngerer Zeit durch die Uhr ersetzt worden ist und wir es nur noch in der Miniaturform der Eieruhr kennen, die nicht Stunden, sondern die wenigen Minuten misst, die nötig sind, um ein Ei zu kochen. Vielleicht liegt es auch daran, dass die Sanduhr in den Überlieferungen und Kulturen der Welt kein allgegenwärtiges und auch kein universelles Bild ist. (In vielen Kulturen nimmt die Wasseruhr ihren Platz ein.) Weil es nicht universell ist und in diesem Sinn auch nicht wirklich ein Bild (*image*), war es unwahrscheinlich, dass das Nachdenken über die Bedeutung der Sanduhr in mir Bilder hervorrufen würde.

Wenn sich auch keine Bilder zeigten, Ideen kamen auf, und ich erinnerte mich bald daran, dass zwar Maler die Zeit nicht oft in ihren Gemälden darstellten, Dichter in ihren Gedichten hingegen häufig auf sie anspielten. Innerhalb von Sekunden war mein Geist überflutet von einem halben Dutzend bekannter Zitate allein von englischen Dichtern. Das erste waren die herzergreifenden und bedrückenden Zeilen von Andrew Marvells *To His Coy Mistress*, in denen er zuerst die Dame etwas langatmig darauf hinweist, dass ihre Schüchternheit weniger zu kritisieren sei, wenn sie nur mehr Zeit zur Verfügung hätten, und dann ausruft:

> *But at my back I always hear*
> *Time's wingèd chariot hurrying near,*
>
> [Doch hinter meinem Rücken höre ich stets
> Wie sich der geflügelte Wagen der Zeit nähert.]

und so auf unvergessliche Weise unser Gefühl – zumal wenn wir älter werden – vermittelt, dass die Zeit uns tatsächlich einholt. Darauf folgte Shakespeares unvergessliches Verspaar:

> Like as the waves make towards the pebbled shore,
> So do our minutes hasten to their end.

> [Wie die Wellen zum Kiesufer hin,
> So eilen unsere Minuten zu ihrem Ende.]

Darauf kamen Sir Walter Raleighs ernste Zeilen, angeblich am Abend seiner Hinrichtung geschrieben:

> Even such is Time, which takes in trust
> Our youth, our joys, and all we have,
> And pays us but with age and dust;
> Who in the dark and silent grave,
> When we have wandered all our ways,
> Shuts up the story of our days.

> [Selbst so ist die Zeit, die im Vertrauen / Unsere Jugend, unsere Freuden und alles nimmt, das wir haben, / Und bezahlt uns dafür nur mit Alter und Staub; / Wer im dunklen und stillen Grab, / Wenn wir alle unsere Wege gegangen sind, / Die Geschichte unserer Tage beschließt.]

Nach einer kurzen Pause kamen mir die Zeilen in den Sinn, mit denen der junge John Milton bewegend eine Mischung von Überraschung und Bedauern ausdrückt, mit der er erkennt, dass er nunmehr dreiundzwanzig Jahre alt ist:

> How soon hath Time, the subtle thief of youth,
> Stol'n on its wing my three-and-twentieth year.

> [Wie schnell hat die Zeit, der zarte Dieb der Jugend, / Auf ihrem Flügel mein dreiundzwanzigstes Jahr gestohlen.]

Von einem weitaus geringeren Dichter, den allerdings Samuel Johnson[17] genügend hoch schätzte, um dessen Aufnahme in die Reihe englischer Dichter zu empfehlen, für die er seine „kleinen Vorworte" schrieb, kam diese Strophe:

> Time, like an ever rolling stream,
> Bears all its sons away;
> They fly forgotten, as a dream
> Dies with the opening day.

---

17 A. d. Ü.: Samuel Johnson (1709-1784) war ein englischer Gelehrter, Lexikograf, Schriftsteller, Dichter und Kritiker.

[Die Zeit, wie ein ständig fließender Strom, / Trägt all ihre Söhne fort; / Sie fliegen vergessen, wie ein Traum / Mit dem beginnenden Tag stirbt.]

Dies ist natürlich eine Strophe aus der bekannten Hymne *Oh God Our Help in Ages Past* (O Gott, Hilfe unser in vergangenen Zeiten) von Isaac Watts; ich erinnere mich daran, sie als Junge bei den Morgenandachten in der Schule gesungen zu haben. Es könnte interessant sein, darüber zu spekulieren, in welchem Ausmaß dieser Vers dazu beitrug, mir die buddhistische Idee der universellen Vergänglichkeit einzuflößen.

Ohne Zweifel wären viele weitere Zitate aufgekommen, hätte ich sie nur kommen lassen, und bestimmt hätte ich noch weitere, nicht nur von englischen Dichtern, aufspüren können, wenn ich diesen Aufsatz in Padmaloka geschrieben hätte und meine Bücher zu Rate hätte ziehen können. Aber auch das halbe Dutzend Zitate, das mir in den Sinn gekommen ist, als ich über das Bild der Sanduhr nachzudenken begann, und das ich bis auf eines hier wiedergegeben habe, dürften genügen, um das Ausmaß zu veranschaulichen, in dem in den Werken der Dichter Anspielungen auf den Tod vorkommen. Man kann aber auch sehen, dass die Zeit in zwei, vielleicht auch drei der von mir wiedergegebenen Zitate personifiziert oder halb personifiziert erscheint, während sie in den beiden anderen mit fließendem Wasser verglichen wird. Marvell stellt sie sich als von einem geflügelten Wagen getragen vor, während Milton sie selbst als eine Art geflügeltes Wesen sieht (dabei kommt mir blitzartig das Bild einer geflügelten Sanduhr in den Sinn, das ich irgendwo gesehen habe), Raleigh hingegen stellt sie sich als eine unsichtbare Präsenz vor, die alles von uns nimmt und nichts gibt. Wenn wir zu Shakespeare und Watts kommen, so vergleicht der eine die Minuten, aus denen die Zeit besteht, mit Wellen, die an einem Kiesstrand anbranden, und der andere mit einem stetig strömenden Fluss. (Obwohl ich glaube, dass die Hymne von Watts eine Version eines Psalms ist, könnte es in der hier zitierten Strophe auch einen verdeckten Bezug auf den Gott Chronos der griechischen Mythologie geben, der seine eigenen Kinder verschlang, sobald sie geboren waren.)

So finden wir in diesen Zitaten nicht nur Ideen, sondern auch Bilder. Sicherlich sind die Bilder nicht so lebendig oder konkret, wie sie es wären, hätte man sie in Gemälden dargestellt, doch das liegt am Wesen der Zeit selbst. Platon zufolge ist die Zeit das sich bewegende Bild der Ewigkeit, und weil sich die Zeit bewegt, ist es unmöglich, sie in Gemälden auf zufriedenstellende Weise abzubilden. Bestenfalls kann der Künstler die Zeit als einen geflügelten alten Mann mit Sanduhr und Sense darstellen; aber die Flügel schlagen eigentlich nicht in die Luft, der Sand in der Sanduhr fließt nicht wirklich hinunter, und die Sense schneidet in Wirklichkeit nichts. Was abgebildet wurde, ist weniger die Zeit als die Dinge, die die Zeit symbolisieren. In der Dichtung hingegen beschreibt der Dichter die Zeit nicht nur als geflügelt oder in einem geflügelten Wagen, sondern in dieser Beschreibung verwendet er Silben und Worte, die nicht gleichzeitig da sind wie die verschiedenen Teile eines Gemäldes, sondern selbst aufeinander folgen. Mit anderen Worten bewegt sich das Gedicht selbst mit der Bewegung, die es beschreibt. So eilt Marvells „geflügelter Wagen" tatsächlich herbei und wird nicht in einem Zustand angehaltener Bewegung dargestellt. Mehr noch, mit dem Wort „nähert" hören wir wirklich den Flügelschlag und fühlen den Wind in unserem Nacken. Genauso, wenn auch vielleicht weniger gelungen, scheint Miltons „zarter Dieb der Jugend" wirklich heimlich das dreiundzwanzigste Jahr des Dichters zu stehlen: Er wird nicht einfach in der eingefrorenen Haltung des Stehlens abgebildet. Fast dasselbe trifft auch auf Shakespeares „Wellen" und Watts „Strom" zu, die sich tatsächlich am Kiesufer brechen beziehungsweise weiterströmen, so wie es der Bewegung der Strophe selbst entspricht.

An diesen Beispielen sollte klar geworden sein, dass sich die Dichtung besser als ihre Schwesterkunst, die Malerei, für die Darstellung von Bewegung eignet und darum wohl auch für die der Zeit. Dass mir beim Nachdenken über die Sanduhr so wenige Bilder einfielen, liegt vielleicht daran, dass ich erwartet hatte, sie würden aus dem Bereich der bildenden, statt der darstellenden Künste oder jener Kunstformen kommen, die eher in der Zeit als im Raum existieren und die auch die Literatur einschließen, sofern man diese als etwas versteht, das nicht nur aufgeschrieben ist, sondern entweder laut oder stumm für sich selbst gelesen wird. So verwundert es nicht, dass mir nach den Zitaten der englischen Dichter mehr Ideen über die Zeit aus der buddhistischen Literatur in den Sinn kamen als Bilder der Zeit aus der buddhistischen bildenden

Kunst. Es scheint sogar, als existierten in der buddhistischen bildenden Kunst kaum Bilder der Zeit, und es scheint, als sei die Zeit in der buddhistischen Kultur nicht in dem Maß personifiziert worden wie in den klassischen und jüdisch-christlichen Kulturen des Westens.[18] Die einzig wirklich bemerkenswerte Personifizierung der Zeit östlichen Ursprungs, die mir einfiel, stammt gar nicht aus dem Buddhismus, sondern aus dem Hinduismus. Sie kommt aus dem zwölften Kapitel der *Bhagavad Gītā*, in deren Verlauf sich Śrī Kṛṣṇa gegenüber Arjuna als die Alles-vernichtende-Zeit offenbart, in dessen flammendem Schlund nicht nur das ganze Menschengeschlecht, sondern alles im Universum verschwindet. Doch so sehr es dem Buddhismus an Bildern der Zeit mangeln mag, er ist bestimmt nicht arm an Vorstellungen über die Zeit. Man könnte den Buddhismus durchaus als eine Meditation über die Zeit oder über Unbeständigkeit beschreiben (vielleicht kann man behaupten, dass der Buddhismus diese beiden Begriffe nicht auf die gleiche Weise unterscheidet wie wir im Westen) oder als das Nachsinnen über die Kürze und Kostbarkeit des menschlichen Lebens. Anspielungen auf die Zeit kommen in buddhistischen kanonischen wie auch in nicht-kanonischen Schriften sogar häufiger vor als in der englischen Dichtung, und wenn ich hier alle Zitate wiedergeben wollte, die mir aus dieser Quelle zuströmten, als ich über das Bild der Sanduhr nachdachte, dann würden sie unverhältnismäßig viel Raum in diesem Aufsatz beanspruchen. Darum will ich als Beispiel für die Art von Vorstellungen, auf die ich mich beziehe, lediglich eine Passage zitieren. Sie stammt aus dem *Sūtra der zweiundvierzig Abschnitte*, das als erste buddhistische Schrift dafür bekannt ist, dass sie ins Chinesische übersetzt wurde:

> *Der Buddha sprach zu einem Novizen: „Wie lange dauert ein*
> *Menschenleben?" – „Nur einige Tage", war die Antwort. Der Buddha*
> *sprach: „Du hast (den Pfad) nicht verstanden", und er fragte einen weiteren*
> *Novizen, der erwiderte: „So lange (wie) es dauert, (eine Mahlzeit) zu*
> *essen." Darauf antwortete der Buddha in gleicher Weise und fragte einen*
> *dritten: „Wie lange dauert ein Menschenleben?" – „So lange wie ein*

---

18 Der Dämon, der das tibetische Lebensrad umklammert, stellt eher die
    Unbeständigkeit als die Zeit dar.

(einziger) Atemzug", war dessen Antwort. „Ausgezeichnet", sprach der
Buddha, „du verstehst den Pfad."

Übersetzt man diese Vorstellung in die Bilder- und Symbolsprache der Studienklause des hl. Hieronymus, dann könnte man sagen, die Spanne eines Menschenlebens würde nicht ein paar Tage und nicht einmal so lange betragen, wie der Sand benötigt, um von einer Kammer der Sanduhr in die andere zu rieseln, sondern so lange, wie ein einziges Sandkorn braucht, um herabzufallen. Menschen haben darum keine Zeit zu verschwenden. Es genügt nicht, seinen unverwechselbar menschlichen Beschäftigungen nachzugehen, ja nicht einmal, ihnen in zunehmend verfeinerten, höheren Formen nachzugehen. Als Mensch muss man ihnen in dem vollen Gewahrsein nachgehen, dass die Zeit verrinnt, und in dem Wissen, dass man sie nicht erfolgreich abschließen kann, sofern man nicht ohne jede Pause arbeitet.

Mag zwar die Sanduhr kein universelles Bild sein, so ist es der Totenschädel doch gewiss. Mit seinen leeren Augenhöhlen und dem grinsenden Kiefer ist er wahrlich eines der universellen und machtvoll aufrüttelnden Bilder, und seine Bedeutung ist unmittelbar verständlich. Hieronymus, der von Rom nach Bethlehem in die Wüste gekommen ist und sich in vergleichsweise fortgeschrittenem Lebensalter an die Aufgabe gemacht hat, die Bibel in die gewöhnliche Sprache zu übersetzen, ist sich nicht nur der flüchtigen Zeit bewusst, sondern auch der Tatsache, dass das Vergehen der Zeit unvermeidlich den Tod mit sich bringt. Zeit und Tod sind untrennbar voneinander, und deshalb stehen Sanduhr und Totenschädel für gewöhnlich nebeneinander auf dem Bord in der Studierstube des Heiligen, sodass er sie stets sehen kann und sie ihn stets ermahnen, dass – in den Worten eines jener klassischen Autoren, die er allzu sehr liebte – die Kunst lang ist und kurz das Leben: *ars longa, vita brevis.*

Weil das Bild des Totenschädels so universell ist, war es natürlich, dass mir beim Gedanken daran, wie er in der Klause des hl. Hieronymus von Künstlern der italienischen Renaissance so grimmig realistisch dargestellt dasteht, auch Bilder von Schädeln und Skeletten aller Art zu Bewusstsein kamen: von den Gerippen, mit denen christliche Gräber geschmückt sind, bis zu den Schädelgirlanden am Hals buddhistisch-tantrischer Gottheiten, von komplexen Bildern wie denen des mittelalterlichen Totentanzes[19] bis hin zu schlichten Bildern wie den paarweise tanzenden Skeletten auf tibetischen Tempelbannern oder den Schädelpyramiden, wie sie auf Schlachtfeldern von Eroberern wie Timur-Leng oder von den Priestern im Mexiko vor der Kolonialzeit zu Füßen blutrünstiger Götter aufgehäuft wurden. In der Tat drängten sich so viele Bilder von Schädeln und Gerippen aus den verschiedenen Überlieferungen und Kulturen der Welt in meinen Geist, dass es mir ganz unmöglich wäre, sie hier alle zu beschreiben oder auch nur mehr als einen Bruchteil von ihnen zu nennen. Stattdessen werde ich stellvertretend für alle übrigen nur ein Bild beschreiben. Dieses Bild stammt aus den Fresken des vierzehnten Jahrhunderts in Camposanto in Pisa, und ich sah es dort vor zwei Monaten auf meiner Reise nach Il Convento. Eines dieser Fresken, die von einem unbekannten Meister stammen, zeigt den Triumph des Todes, der als eine Art Teufelin mit einer Sense dargestellt wird, die sie gegen eine Gruppe junger Männer und Frauen richtet, die in einem Hain sitzen und das Flehen jener ignorieren, die den Tod als einen Erlöser ansehen. Interessanter noch – in der unteren linken Ecke des Freskos stößt eine Gruppe modisch gekleideter Reiter und Reiterinnen im Wald plötzlich auf drei offene Särge mit den Körpern dreier Könige, von denen einer gerade erst gestorben ist, der zweite sich in einem fortgeschrittenen Verwesungsstadium befindet und der dritte nur noch ein Skelett ist. Daneben steht die Gestalt des hl. Makarios als Einsiedler, der, auf eine lange Schriftrolle deutend, der Gruppe eine Lektion über die Nichtigkeit des irdischen Daseins erteilt. Man fühlt sich unvermeidlich und auf äußerst machtvolle Weise an die bekannte Geschichte des jungen, zukünftigen Buddha erinnert, der sich bei seinen Ausfahrten vom Palast in Begleitung seines getreuen Wagenlenkers nacheinander mit einem alten Mann, einem kranken Mann, einem Leichnam und schließlich einem frommen Asketen konfrontiert sah. Wie um die Ähnlichkeit zu unterstreichen, sind über der Gestalt des hl. Makarios andere, zwischen Felsen und Bäumen in Höhlen und Hütten lebende Einsiedler zu sehen, die sich mit schlichten Tätigkeiten, spirituel-

---

19 Als Junge kannte und bewunderte ich Holbeins Holzschnitte, in denen der Tod in Gestalt eines Gerippes mit König und Königin, Fürst und Priester und sogar mit dem Papst tanzt – ja mit Menschen aller Art und Umstände.

len Übungen und religiösen Gesprächen beschäftigen. Die „Vier Ausfahrten" des späteren Buddha sowie die Begegnung der Reitergruppe mit den drei toten Königen und der Gestalt des hl. Makarios haben dieselbe Bedeutung wie der Totenschädel in Hieronymus' Studienklause. Angesichts der Tatsache seines unausweichlichen Todes bleibt dem Menschen keine Alternative, als sich mit ganzem Herzen seinen unverwechselbar menschlichen Tätigkeiten in ihrer reinsten Form zu widmen.

Weil die Klause des hl. Hieronymus sowohl einen Gegenstand enthält, der die Zeit symbolisiert, als auch einen Gegenstand, der den Tod symbolisiert, möchte man annehmen, dass sie auch einen Gegenstand enthält, der das menschliche Leiden symbolisiert. In gewissem Sinn trifft das auch zu. Es gibt ein Kruzifix. Wie wir schon gesehen haben, wird Hieronymus in der Wüste oder bei seinen Bußübungen oft gezeigt, wie er vor einem rohen Kreuz kniet oder es umklammert. Wenn sich die Wüste aber unter den Händen der italienischen Renaissancekünstler in eine liebliche toskanische oder umbrische Landschaft verwandelt und die Figur des Heiligen ins Bedeutungslose schrumpft, dann wird das Kruzifix entweder so klein, dass man es kaum erkennt, oder es verschwindet ganz. Es ist, als hätten die Künstler, wenn sie die Qual des hl. Hieronymus bei seiner Selbstkasteiung inmitten der Landschaft oder die existenzielle Pein des Menschen in einer verständnislosen und gleichgültigen Natur darstellten, diese Pein als ausreichend empfunden und gemeint, sie müsse nicht auch noch durch den Schmerz der Gestalt am Kreuz verdoppelt werden. Wird Hieronymus aber in seiner Studienklause gezeigt, dann ändern sich die Größenverhältnisse im Gemälde so, dass jeweils entsprechend zur Gestalt des Heiligen auch das Kruzifix deutlicher hervortritt. Gleichwohl geben die Künstler ihm selten den Grad von Wichtigkeit, den sie ihm hätten geben können, wenn man bedenkt, wie zentral die Bedeutung der Kreuzigung im christlichen Erlösungswerk ist. Manchmal zeigen sie es auch gar nicht. Wieder ist es, als versuchten sie, das Bild des hl. Hieronymus in seiner Studienklause zu verallgemeinern, und wollten darum auch die verschiedenen Bilder und Symbole verallgemeinern, mit denen er traditionell verbunden ist. Wenn sie das Kruzifix aber tatsächlich abbilden – und gewöhnlich steht es entweder oben auf dem Pult des Heiligen oder es hängt ihm gegenüber an der Wand –, dann begegnet es seinem Blick, wenn er seine Augen von dem vor ihm liegenden Band hebt, weniger eine Darstellung des gekreuzigten Heilands als ein Bild leidender Menschlichkeit. Bei seinem Rückzug in die Höhle oder Studienklause hat Hieronymus in der Tat die Leiden der Menschheit mitgenommen, und um zu helfen, diese Leiden zu lindern, übersetzt er nun das vor ihm liegende Buch. Obwohl ein Mensch sich sogar von der Gesellschaftsordnung und ihren Versuchungen absondern kann und obwohl er sich mit ganzem Herzen der Aufgabe seiner unverwechselbar menschlichen Tätigkeiten in ihrer höchsten und am meisten verfeinerten Form widmen kann, ist es doch unmöglich für ihn, das Problem menschlichen Leidens zu vergessen. In der Tat geschieht es aus dem Wunsch heraus, das Problem menschlichen Leids zu lösen, dass Menschen sich überhaupt erst aus der Gesellschaftsordnung zurückziehen.

Das vor Hieronymus liegende Buch, das er gerade übersetzt, ist natürlich die Bibel, und es steht gemeinsam mit der Gestalt des Heiligen, der mit leicht gerunzelter Stirn über sie gebeugt ist, im Mittelpunkt des Interesses bei den verschiedensten Gemälden des hl. Hieronymus in seiner Studienklause. So wie es von den Künstlern der italienischen Renaissance gemalt wurde, ist es nicht etwa ein Taschenbuch, sondern ein enormer Band von fast der gleichen Größe wie das Pult, auf dem oder an dem es liegt. Manchmal ist es geschlossen, als wolle Hieronymus es gleich öffnen und sein Tagwerk beginnen, vielleicht aber auch, als werde er es niemals öffnen können, weil es tatsächlich unmöglich ist, es zu übersetzen. Viel häufiger aber liegt es weit geöffnet da, und auf jeder Seite können wir zwei Spalten schwarzen Textes sehen, die zumeist in einen bunten Rahmen verwobener Blätter, Blüten und Früchte gefasst ist, aus denen seltsame Gestalten von Tieren und Menschen hervorlugen. Wir können illuminierte, manchmal golden glänzende Initiale sehen; wir sehen die Gestalten von Propheten, Heiligen und Engeln. Kurz, an der Größe des Bandes und am Grad seiner Verzierung erkennen wir, wie wichtig er ist. „Was man liebt, das schmückt man", sagte ein sehr weiser Freund vor vielen Jahren einmal zu mir (er bezog sich auf meinen literarischen Stil, den einige meiner strengeren Freunde für zu „blumig" halten), und die Tatsache, dass die Künstler der italienischen Renaissance den auf Hieronymus' Pult liegenden Band schmückten, zeigt, dass sie ihn liebten. Doch was liebten sie? Technisch gesehen ist der Band natürlich die christliche Bibel, die mit dem Schöpfungsbericht einsetzt und mit der Offenbarung des Johannes schließt, denn es ist die christliche Bibel, die Hieronymus übersetzt. Doch das Wort „Bibel"[20] bedeutet Buch, und so bedeutet „Die Bibel" schlicht „Das Buch". Was die Künstler der italienischen Renaissance malten – was sie liebten und schmückten –, war darum weniger die traditionelle christliche Bibel als die Bibel in einem universelleren Sinn. Das auf dem Pult des hl. Hieronymus liegende Buch ist kein einfaches Buch, sondern ein archetypisches Buch. Was aber ist ein Buch?

Die Antwort auf diese Frage findet sich zumindest implizit in einem Bild oder Symbol, mit dem ihr alle vertraut seid: dem Bild des Lebensrades, zumal wie es in der tibetisch-buddhistischen Kunst dargestellt wird. Das Lebensrad besteht aus vier konzentrischen Kreisen, derer dritter (wenn man von der Achse aus zählt), in fünf beziehungsweise sechs Abschnitte geteilt ist, je einer für die fünf beziehungsweise sechs Hauptklassen fühlender Wesen. In jedem Abschnitt erscheint ein Buddha in einer bestimmten Farbe und hält einen Gegenstand in den Händen, der für die Dinge dieser Klasse oder „Welt" von besonderer Bedeutung ist. Der unter den Tieren oder im Tierreich erscheinende Buddha ist hellblau und hält ein Buch in seinen Händen. Dieses Buch hat nicht die Form westlicher Bücher, sondern die indo-tibetische Form: Es besteht aus einem Stapel loser, länglicher Blätter im Querformat, die zwischen zwei hölzernen Tafeln ungefähr gleicher Abmessung gehalten werden. Gelegentlich sind die Blätter mit Fäden verbunden, die durch Löcher geführt werden, die an beiden Enden, etwa fünf bis acht Zentimeter vom Rand entfernt, gestanzt worden sind. Diese Details sind in Gemälden des Lebensrades selbst nicht erkennbar, doch der Gegenstand, den der hellblaue Buddha in den Händen hält, ist sichtlich ein Buch des gerade beschriebenen indo-tibetischen Typs, und offenbar bietet er es den verschiedenen Arten von Tieren an, die ihn umgeben. Das Buch symbolisiert gleichermaßen weltliches wie spirituelles Wissen, denn es ist Wissen, wodurch Menschen sich von Tieren unterscheiden, und wenn Tiere im nächsten Leben Menschen werden wol-

---

20 von *Byblos*, dem Herkunftsort des Papyrus, den die Griechen zur Herstellung von Büchern verwendeten

len, dann müssen sie Wissen erwerben. Mit „Tieren" sind hier nicht nur Tiere im buchstäblichen Sinn gemeint, sondern auch jene tierähnlichen Menschen deren Interesse sich auf Nahrung, Sex und Schlaf beschränkt. Sie sind in dem Sinne ohne Wissen, dass sich ihr Bewusstsein auf die Sinnesobjekte beschränkt, auf die sie im gegenwärtigen Moment treffen. Bücher sind ihrem Wesen nach Vorrichtungen zur Bewahrung und Übermittlung von Informationen. Das Buch und nicht irgendein anderer Gegenstand symbolisiert Wissen, weil wir durch Bücher befähigt werden, unser Bewusstsein weit über die Grenzen hinaus auszudehnen, die uns unsere eigene individuelle Erfahrung auferlegt. Mithilfe eines Buchs vermögen wir Zeit und Raum zu überschreiten und mit Menschen zu kommunizieren, die zu anderen Zeiten unter anderen Bedingungen lebten und von denen viele weitaus höher entwickelt waren, als wir es sind. Wir werden in die Lage versetzt, in ihre Erfahrungen einzutreten und an ihrem Wissen teilzuhaben. Somit ist das Buch der goldene Schlüssel zur Schatzkammer menschlicher Kultur. Das Buch macht uns auf wahrhaftige Weise menschlich. Darum überrascht es nicht, dass der Gegenstand, den der hellblaue Buddha den Tieren anbietet, ausgerechnet ein Buch ist. Es steht für die Mittel, durch die sie sich auf die menschliche Stufe heben und in die menschliche Welt eintreten werden. Ebenso wenig überrascht es, dass der mächtige Band auf dem Pult des hl. Hieronymus weniger die traditionelle christliche Bibel ist als die Bibel in einem eher universellen Sinn, und es überrascht auch nicht, dass die Künstler der italienischen Renaissance, die Hieronymus in seiner Studienklause malten, das Buch verziert haben, so gut sie konnten.

Doch wenn das Buch auf dem Pult des hl. Hieronymus kein einfaches Buch, sondern ein archetypisches Buch ist, was übersetzt dann Hieronymus? In welchem Sinne kann man überhaupt sagen, er übersetzt? Der christlichen Überlieferung zufolge, die sich in diesem Fall auf geschichtliche Tatsachen stützt, übersetzt Hieronymus die Bibel, und auf dieser Ebene gibt es keinerlei Schwierigkeiten. Hieronymus übersetzt das Hebräische des Alten Testaments und das Griechische des Neuen Testaments ins Lateinische, was später als *Vulgata* bekannt wurde.

Was aber übersetzt der hl. Hieronymus, wenn die Bibel „Das Buch" bedeutet und wenn „Das Buch" Wissen symbolisiert, oder in welchem Sinne übersetzt er sie? Anders gesagt: Wie übersetzt man *Wissen*? In was übersetzt man es? Offensichtlich kann Wissen nur in Wissen übersetzt werden, so wie eine Sprache nur in eine andere Sprache übersetzt werden kann. Wenn also Wissen übersetzt werden soll, dann muss schon anderes Wissen vorhanden sein, in das es übersetzt werden kann. Ebenso muss es eine andere Sprache geben, in die übersetzt werden kann, wenn man einen Text von einer Sprache in eine andere übersetzen will. Übersetzung hat immer mit einer Vielfalt, ob von Sprache oder von Wissen, zu tun. Wenn man davon spricht, Wissen zu übersetzen, spricht man von verschiedenen Arten des Wissens. Diese Arten lassen sich entweder horizontal oder vertikal unterscheiden. Horizontal unterschieden ist Wissen entweder begrifflich oder symbolisch, das heißt entweder ein Wissen von Begriffen oder ein Wissen von Symbolen oder Bildern. Vertikal unterschieden besteht es in einem Wissen von Sinnesgegenständen, einem Wissen von Ideen oder geistigen Gegenständen, einem Wissen von Archetypen und einem Wissen letzter spiritueller Wirklichkeiten. Wissen der höchsten Art ist mit seinem Gegenstand identisch. Aus all dem wird klar, dass Wissen auf zwei Arten übersetzt werden kann. Entweder überträgt man etwas in Symbolen und Bildern Ausgedrücktes in Begriffe oder umgekehrt. Oder man übersetzt von einer Stufe in eine andere. In diesem Fall wird Wissen von höchsten spirituellen Wirklichkeiten in Wissen von Archetypen übersetzt, oder Wissen von Archetypen wird in Wissen von Ideen oder geistigen Gegenständen übersetzt. Weil die Bibel auf dem Pult das Buch schlechthin ist, folgt daraus, dass das Wissen, das es symbolisiert, Wissen schlechthin sein wird, und das heißt Wissen höchster spiritueller Wirklichkeiten. Somit übersetzt der hl. Hieronymus in dem Sinne, dass er Wissen von höchsten spirituellen Wirklichkeiten in Wissen von den Archetypen und Wissen von den Archetypen in Wissen von Ideen oder geistigen Gegenständen übersetzt, um denjenigen wenigstens eine gewisse Ahnung von der Existenz jener Archetypen und jener höchsten spirituellen Wirklichkeiten zu geben, die nicht höher aufgestiegen sind als zur Ebene von Ideen oder geistigen Objekten, und um sie anzuregen, sich selbst entsprechend auszurichten.

Ein Übersetzer in *diesem* Sinne zu sein, bedeutet viel mehr als bloß zu übersetzen. Es bedeutet auszulegen und zu deuten, wobei ein Grad von Wissen oder eine Stufe von Wirklichkeit in eine andere übersetzt wird. Es bedeutet sogar, ein Mittler zu sein zwischen verschiedenen Existenzebenen oder verschiedenen Welten. Eine Parallele zur Gestalt des hl. Hieronymus als Übersetzer findet sich in der etwas früheren Gestalt des großen Weisen Nāgārjuna, des zweiten Begründers des Buddhismus. Nachdem er das *Vollkommenheit-der-Weisheit-Sūtra* aus dem Nāga-Königreich geborgen hat, wo es der Buddha gelagert hatte, es nun nicht nur weithin verkündete, sondern seine Lehre auch in zahlreichen eigenen Werken auslegte und damit ein neues Zeitalter in der Geschichte des Buddhismus einleitete. Der buddhistischen Überlieferung zufolge liegt das Königreich der Nāgas in den Tiefen des Meeres. In der tibetisch-buddhistischen Kunst ist es beliebt, die Gestalt Nāgārjunas in seiner safranfarbenen Robe und mit dem Spitzhut eines Meisters des Tripiṭaka oder der „Drei Sammlungen" buddhistischer Schriften abzubilden, wie er mitten im Meer auf einem Floß sitzt und den gewaltigen Band (im indo-tibetischen Stil) des *Vollkommenheit-der-Weisheit-Sūtra* aus den Händen der nixenähnlichen Nāga-Prinzessin empfängt, die diesen Band aus dem Palast des Nāga-Königs zu ihm heraufgebracht hat, wo er mehr als tausend Jahre lang (nach moderner Geschichtsforschung: mehr als fünfhundert Jahre) verborgen lag. Weil der Ozean die tieferen Ebenen des Wissens symbolisiert (was äußerlich „höher" ist, wird innerlich als „tiefer" gesehen), symbolisiert das Nāga-Königreich das Reich höchster spiritueller Wirklichkeiten. Die Bedeutung von Nāgārjunas Errungenschaft besteht in der Tatsache, dass er dem gewöhnlichen menschlichen Bewusstsein das Wissen jener Wirklichkeiten zugänglich gemacht hat, indem er es in Wissen von Ideen oder geistigen Gegenständen „übersetzte" – wenigstens so weit, wie es die Begrenzungen einer solchen Art von Wissen erlauben. Somit ist Nāgārjuna ein „Übersetzer", indem er von einem Grad von Wissen in einen anderen oder von einer Stufe der Wirklichkeit in eine andere übersetzt. Er ist ein Mittler zwischen der Ebene oder Welt der Nāgas und der menschlichen Ebene oder Welt, ein Mittler zwischen der Welt der Buddhas und der Welt gewöhnlicher, unerleuchteter Männer und Frauen. Er ist ein menschlicher – im Unterschied zu einem archetypischen –

Bodhisattva, der auf geheimnisvolle Weise zwischen dem Transzendenten und dem Weltlichen schwebt.

Die legendäre Gestalt Nāgārjunas aus der fernen Vergangenheit bietet eine Parallele zum hl. Hieronymus. Darüber hinaus lässt er uns die Bedeutung vom Sinnbild des hl. Hieronymus vielleicht tiefer würdigen, als es uns sonst möglich wäre, da er die Schriften der *Vollkommenheit der Weisheit* gerettet und verbreitet hat. Hieronymus ist nicht nur Übersetzer der Bibel im überlieferten christlichen Sinn, sondern er übersetzt eine Wissensebene oder eine Stufe von Realität in eine andere. Natürlich gibt es in der buddhistischen Überlieferung andere Parallelen zur Gestalt von Hieronymus als ein Übersetzer in jenem erhabeneren Sinn, um den es uns hier geht. Es gibt die Gestalt Kumārajīvas, der fast genau ein Zeitgenosse von Hieronymus war, sowie die von Xuanzang, der etwa zweihundert Jahre später lebte. Sie beide übersetzten nicht nur buddhistische Schriften aus dem Sanskrit ins Chinesische, sondern sie erläuterten sie auch zum Wohl des chinesischen Publikums. Soweit ich weiß, wurde die Gestalt von Xuanzang in seinem Studierzimmer nach seiner Rückkehr aus Indien von den Künstlern der Tang- und Song-Dynastien auch nicht annähernd so häufig gemalt, wie die Künstler der italienischen Renaissance das Bild des hl. Hieronymus in seiner Klause nach seiner Rückkehr aus Rom nach Bethlehem malten. Ich sah aber einmal einen Holzdruck – ich glaube, es war einer –, der Xuanzang zeigte, wie er mit überkreuzten Beinen hinter einem niedrigen Tisch mit einer langen Schriftrolle sitzt. Mit schreibbereitem Pinsel und nachdenklicher Miene trägt er in senkrechten Reihen ein chinesisches Schriftzeichen nach dem anderen ein – vermutlich den Text eines der von ihm übersetzten Sūtra. Bilder von Xuanzang auf seinem Rückweg nach China sind glücklicherweise häufig. Eines der besten zeigt den großen Übersetzer im Pilgergewand; die Robe ist bis zum Knie geschnürt, und er hält einen Wanderstab. Sein ganzer Körper ist vorgebeugt, teils vom Gewicht all der Bücher und Bildnisse, die er auf seinem Rücken trägt, teils weil er die Reise eilend beenden will. Doch weder der Holzdruck von Xuanzang in seinem „Studierzimmer" noch das beste Gemälde von Xuanzang als Pilger geben uns Anlass zu glauben, die Künstler der Tang- und Song-Dynastien hätten in einer dieser Gestalten etwas gesehen, was es ihnen ermöglicht hätte, über die Tatsachen der unmittelbaren geschichtlichen Situation hinauszugehen und die Gestalt des Xuanzang in ein Bild universeller Bedeutung zu verwandeln. Es wäre interessant zu erforschen, ob sie durch Konzentration auf eine entscheidende und repräsentative Episode in der Laufbahn der anderen berühmten chinesisch-buddhistischen Gestalten jemals etwas gesehen haben, wodurch sie ihren Bildern hätten universelle Bedeutung verleihen können.

Vielleicht sind wir mittlerweile aber zu weit abgekommen vom Bildnis des hl. Hieronymus in seiner Studienklause, seiner Zelle oder Höhle, wie es die Künstler der italienischen Renaissance gemalt haben. Jedenfalls wird es Zeit, die wichtigsten Stränge unserer Erkundung zusammenzuführen. Bevor wir das tun, möchte ich aber noch auf einen weiteren Punkt eingehen. Als ich von den verschiedenen Arten von Wissen sprach, sagte ich, das Wissen der höchsten Art sei mit seinem Gegenstand identisch. Mit Wissen der höchsten Art meine ich natürlich Wissen von höchsten spirituellen Wirklichkeiten oder, mit anderen Worten, Wissen von *nirvāṇa* oder Wissen von Erleuchtung, das mit seinem „Gegenstand" identisch ist, weil ein Unterschied zwischen Subjekt und Objekt auf dieser Stufe von Wirklichkeit nicht länger besteht. Aber alles Wissen ist in gewissem Sinn mit seinem Gegenstand identisch, weil Wissen andernfalls tatsächlich unmöglich wäre. Wenn man nun Wissen des einen Grades in Wissen eines anderen Grades „übersetzt", beispielsweise Wissen von Archetypen in Wissen von Ideen und geistigen Gegenständen, dann „übersetzt" man nicht nur die Archetypen sozusagen als Objekte, die von einem selbst ganz verschieden und abgelöst sind. Man übersetzt sie in gewissem Maß als mit einem selbst identisch. Anders gesagt: Man übersetzt, was man auf einer Stufe von Bewusstsein erfahren hat, in Begriffe, die einer anderen Stufe von Bewusstsein entsprechen. Man bringt, was man auf dem Berggipfel erlebt hat, ins Tal hinunter oder, mit einem anderen Bild, man bringt, was man in den Tiefen erfahren hat, an die Oberfläche oder aus der Dunkelheit ans Licht. In diesem Herunterbringen oder Heraufbringen und In-eine-konkrete-Form-Fassen dessen, was man in den Höhen oder den Tiefen des eigenen Seins erfahren hat – so wie Hieronymus es tut, wenn er die *Vulgata* verfasst – liegt die Essenz von Kreativität. Darum ist der heilige Hieronymus nicht nur der Übersetzer und Deuter, sondern auch der Schöpfer und Künstler. Weil er Schöpfer und Künstler ist, ist er auch ein Individuum, genauer ein wahres Individuum, denn die Begleiterscheinung der Tatsache, dass alles Wissen in gewissem Sinn mit seinem Gegenstand identisch ist und dass man eine Stufe des eigenen Seins in eine andere übersetzt, ist, dass alles „Übersetzen" seinem Wesen nach eine individuelle und in gewissem Sinn sogar eine einsame Tätigkeit ist.

Weil der Übersetzer zugleich Individuum, Deuter und Schöpfer ist, malen die Künstler der italienischen Renaissance den hl. Hieronymus, wenn sie ihn in seiner Studienklause darstellen, mit keinem anderen Begleiter als dem Löwen, der in jedem Fall seine eigene niedere Natur repräsentiert. Die Tatsache, dass sie ihn so darstellen, ist umso bedeutender, als sie gleichermaßen von der Kirchenüberlieferung wie von den geschichtlichen Tatsachen abweicht. Als Hieronymus Rom verließ, um im Heiligen Land zu leben, brach er nicht alleine auf, sondern in Begleitung einiger Schüler, von denen eine fromme römische Matrone und ihre Tochter hervorzuheben sind, die gemeinsam für die Errichtung des kleinen Klosters in Bethlehem verantwortlich waren, wo sich der hl. Hieronymus schließlich niederließ und die Bibel übersetzte. Es wäre für die Künstler der italienischen Renaissance darum ein Leichtes gewesen, hl. Hieronymus mit diesen beiden Damen abzubilden, dank deren Freigebigkeit er sein Werk ausführen konnte, und vielleicht auch mit den verschiedenen persönlichen Bediensteten, Forschungsassistenten und Schreibern, von deren Diensten er ebenfalls abhing. Sie taten das aber nie. Stattdessen zogen sie es vor, ihn in einer Studierzelle zu malen, die abgesehen von einigen wichtigen Dingen wie einem roten Hut, einer Sanduhr und einem Totenschädel vollkommen leer war, und sie malten ihn alleine. Das zeigt offenkundig, dass sie – oder vielleicht auch sie und ihre Gönner –, wenn sie die Gestalt des hl. Hieronymus malten, bewusst oder unbewusst auf die Erschaffung eines Bildes universeller Bedeutsamkeit hinarbeiteten. Was die Künstler der italienischen Renaissance daher abbilden, ist weniger der hl. Hieronymus, der in seiner Studienklause die Bibel übersetzt, als der Mensch in der Höhle seines eigenen Herzens, wo er sich nun, nachdem er seine niedere Natur bezwungen und sich von der gesellschaftlichen Ordnung abgesondert hat, der Verfolgung seiner unverwechselbar menschlichen Tätigkeiten widmet. Sie zeigen den Menschen als Interpreten und Schöpfer, der ins Bewusstsein heraufbringt, was er in den Tiefen seines eigenen Seins erfahren hat, und ihm nun angemessenen Ausdruck für das Wohl aller verleiht. Sie malen – wie ich in diesem Aufsatz aufzuzeigen versucht habe – den Menschen als ein spirituelles Wesen, das im Schatten von Zeit und Tod danach strebt, das Geheimnis der Existenz zu ergründen.

HINWEISE ZUR AUSSPRACHE UND SCHREIBWEISE

Es wurde die wissenschaftliche Umschrift verwendet.

Die diakritischen Zeichen helfen, die Worte richtig auszusprechen:

ā, ī, ū	langer Vokal (ansonsten werden a, i, u kurz gesprochen), z. B. yāna = jaana
c	tsch wie in „gacchāmi" (= gatsch-tschaami)
j	stimmhaftes dsch wie in „majja" (= madsch-jscha mit zwei kurzen a)
ñ	nj wie etwa in „Avignon"
ṅ	wie das n in „Anker": Saṅgha
s	immer stimmlos, d. h. wie ß: ssangha, ssaranang
ś, ṣ	sch, z. B. śrāvaka = schraawacka
v	deutsches w
y	deutsches j
ṃ	nasaliert entweder den vorausgehenden Vokal oder seine Aussprache wird dem nachfolgenden Konsonanten angepasst, z. B. buddhaṃ = „bud-dhang"

TRIRATNA-ZENTREN & GRUPPEN

Berlin
info@buddhistisches-tor-berlin.de
www.buddhistisches-tor-berlin.de

Essen
info@buddhistisches-zentrum-essen.de
www.buddhistisches-zentrum-essen.de

Minden
info@buddhismus-minden.de
www.buddhismus-minden.de

Arnsberg-Sundern
arnsberg-sundern@triratna-buddhismus.de
www.triratna-arnsberg-sundern.de

Duisburg
info@duisburg-meditation.de
www.duisburg-meditation.de

Düsseldorf
info@duesseldorf-buddhismus.de
www.duesseldorf-buddhismus.de

Freiburg
info@freiburg-buddhismus.de
www.freiburg-buddhismus.de

Gelnhausen
satyadhara@gelnhausen-meditation.de
www.buddhismus-gelnhausen.de

Hamburg
info@triratna-hamburg.de
www.triratna-hamburg.de

Osnabrück
info@meditation-im-turm.de
www.meditation-im-turm.de

Tübingen
dharmapushpa@yahoo.de
www.triratna-buddhismus/gruppen/tuebingen

Wiesbaden
upekshalila@wiesbaden-buddhismus.de
www.wiesbaden-buddhismus.de